创新思维实践与职业发展

主　编　蒋祖星

副主编　郑木溪　袁　君　许均锐

参　编　杨浩政　黄丽娟　姜晓慧　刘　喻

　　　　梁君春　陈燕慧　张大巍　黎茂金

机械工业出版社

《创新思维实践与职业发展》一书以"树立创新意识—学会创新技法—规划职业生涯"为主线，采用模块化、任务式编写方式，设置了三大模块、八大任务，并结合中国国际大学生创新大赛、全国大学生职业规划大赛的要求，通过大量的案例剖析和实践训练，让学生在掌握创新技法的同时，能做出更清晰的职业生涯规划，为职业发展奠定基础。

本书可作为高等职业院校创新创业与职业规划类通识课程的教材，也可为创新创业工作者和职业规划指导人员提供方法论指导。

本书配有 8 套共 160 道理论知识训练题，学生扫描书中二维码，即可在线答题。

本书配有电子课件，凡使用本书作为授课教材的教师可登录机械工业出版社教育服务网（www.cmpedu.com）下载。咨询电话：010-88379375。

图书在版编目（CIP）数据

创新思维实践与职业发展 / 蒋祖星主编. -- 北京 ：
机械工业出版社，2024.11（2025.9重印）. -- ISBN 978-7-111-77041
-1

Ⅰ. G717.38
中国国家版本馆CIP数据核字第2024R1X886号

机械工业出版社（北京市百万庄大街22号　邮政编码100037）
策划编辑：杨晓昱　　　　　　责任编辑：杨晓昱
责任校对：曹若菲　张昕妍　　封面设计：马精明
责任印制：单爱军
中煤（北京）印务有限公司印刷
2025年9月第1版第4次印刷
184mm×260mm·9.25印张·164千字
标准书号：ISBN 978-7-111-77041-1
定价：39.80元

电话服务　　　　　　　　　网络服务
客服电话：010-88361066　　机　工　官　网：www.cmpbook.com
　　　　　010-88379833　　机　工　官　博：weibo.com/cmp1952
　　　　　010-68326294　　金　书　网：www.golden-book.com
封底无防伪标均为盗版　　机工教育服务网：www.cmpedu.com

前　言

党的二十大报告提出："必须坚持科技是第一生产力、人才是第一资源、创新是第一动力，深入实施科教兴国战略、人才强国战略、创新驱动发展战略，开辟发展新领域新赛道，不断塑造发展新动能新优势。"关于创新驱动发展战略，党的二十大报告强调指出："坚持面向世界科技前沿、面向经济主战场、面向国家重大需求、面向人民生命健康，加快实现高水平科技自立自强。以国家战略需求为导向，集聚力量进行原创性引领性科技攻关，坚决打赢关键核心技术攻坚战。加快实施一批具有战略性全局性前瞻性的国家重大科技项目，增强自主创新能力。"党中央、国务院对高校毕业生的就业工作也做出了一系列决策部署，颁布了《国务院关于印发"十四五"就业促进规划的通知》（国发〔2021〕14号）和《国务院办公厅关于进一步支持大学生创新创业的指导意见》（国办发〔2021〕35号）等文件，强调要加强高校职业生涯教育和就业指导，增强大学生生涯规划意识，指导其及早做好就业准备。要坚持创新引领创业、创业带动就业，支持高校毕业生创业就业，提升人力资源综合素质和技术技能水平，促进高校毕业生高质量充分就业。

创新创造在中国式现代化建设的全局中具有核心作用。培养造就大批德才兼备的具有创新精神的技术技能人才，是实现中国式现代化的第一资源和第一动力。随着社会职业分工越来越细，新的行业和职业不断衍生，经济社会发展日新月异，致使在校大学生对自己、对专业、对职业、对行业等缺乏基本的认知，面对就业感到迷茫、无助和困惑。为促进大学生创新创业和高质量充分就业，国家搭建了全国大学生科技创新大赛、技术创新创业大赛、职业规划大赛、技术技能大赛等平台，目的在于以赛促学，促进技术技能人才培养，提升大学生创新创业精神和能力，推动高质量就业。

在此背景下，本书编写团队创新教学方法，结合中国国际大学生创新大赛、全国大学生职业规划大赛的要求，精选了创新思维技法和职业发展实践中的关键素质和能力，精心编写了本书。与传统的创新创业、职业规划和就业指导类教材相比，本书具有以下特点。

1. 基于行动导向，按照创新创业和职业发展的系统化思路，以"树立创新意识—学会创新技法—规划职业生涯"为主线，让学生在掌握创新技法的同时，能做出更清晰的职业生涯规划，为职业发展奠定基础。

2. 活页设计，灵活教学。本书采用模块化、任务式编写方式，设置了三大模块、八大任务，加大了实践训练的比例，精炼理论知识，把相关知识原理穿插到对应的任务中讲解，并辅以案例讲解。

3. 全书提供了 8 套共 160 道理论知识训练题，学生可扫描书中二维码，在线答题，这为教师和学生创建了适宜自主学习的良好的教育生态环境。

本书适合作为高等职业院校创新创业与职业规划类通识课程教材，建议教学时数为 16~20 学时。

本书由广东交通职业技术学院蒋祖星任主编并编写了任务 1.1；任务 1.2 由杨浩政编写；任务 2.1 由袁君、黄丽娟编写；任务 2.2 由姜晓慧、刘喻编写；任务 2.3 由郑木溪、梁君春编写；任务 3.1 由陈燕慧、张大巍编写；任务 3.2 由许均锐编写；任务 3.3 由黎茂金编写。

由于编者水平有限，书中疏漏和不当之处在所难免，恳请读者批评指正。

编　者

目　录
CONTENTS

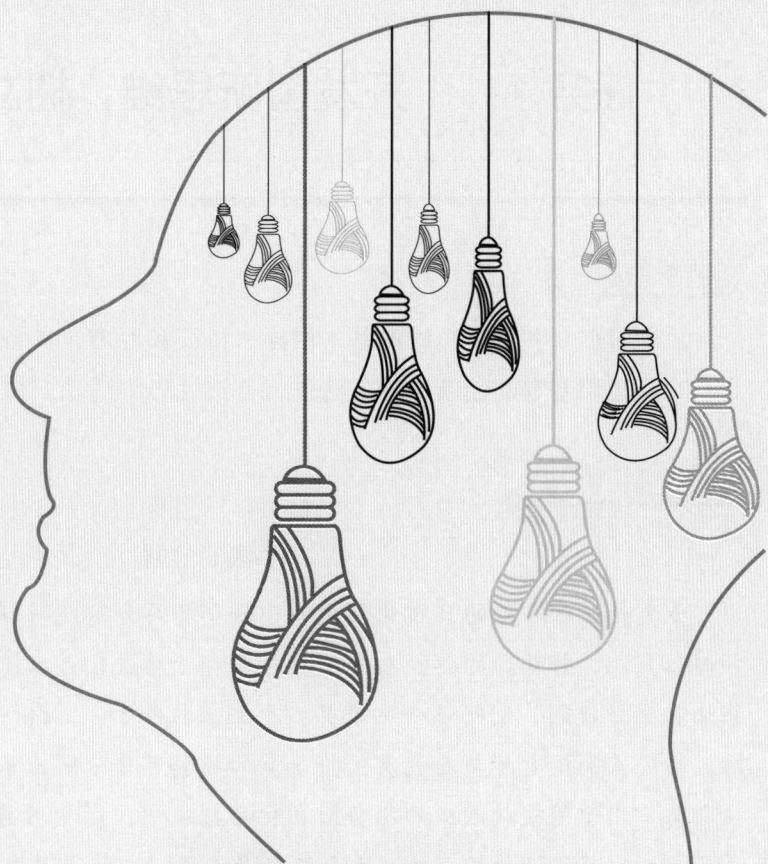

模块 1

树立创新意识，
激发创新潜能

任务 1.1　开发创新思维，树立创新意识

1. 理解创新和创新思维的基本内涵、特征和原理，具备一定的创新意识。
2. 能运用基本的创新思维方法进行创造性思维活动，树立创新创造的自信心。

引导案例

手套的分解

手套是一种常见的日常生活用品，将手套再分解能得到什么呢？江苏的一名工程师心血来潮，将普通的薄型白手套的指套部分剪去，再在手套的背面印上五笔字型的指法和字根规则，发明了专利产品"电脑上机手套"，获得了五笔输入法初学者的青睐。西安某高校老师与其相反，将手套的指套部分分解出来，成为单独的产品——卫生指套。用无菌塑料做成的指套附在食品包装中，在食用前将指套套在手指上，以防手指上的细菌污染食品，特别适合旅行者使用，也获得了发明专利。

案例思考：手套是大家日常生活中的常用物品，通过分解和再组合，发明者创造了不同用途的新产品，这说明了什么问题？

案例启示：人们对非常熟悉的东西，通过转换思路，采取不同的方式方法进行分解和重组，可满足不同场合和对象的特殊使用要求，这就是创新，其解决问题的思路就是创新思维。

基本知识

党的二十大报告明确提出"完善科技创新体系"和"加快实施创新驱动发展战略"的新要求，创新成为以中国式现代化实现中华民族伟大复兴的第一动力。

2023 年，习近平总书记在地方考察调研期间首次提出"新质生产力"这一重要概念。所谓新质生产力是指创新起主导作用，摆脱传统经济增长方式、生产力发展路径，具有高科技、高效能、高质量特征，符合新发展理念的先进生产力质态。新质生产力具有以下几个方面的基本特征。

（1）颠覆性创新驱动

新质生产力源于基础科学研究的重大突破和对原有技术路线的根本性颠覆，形成颠覆性技术群，推动产业发展。

（2）产业链条新

科技创新改变技术路线，带来产品架构、商业模式、应用场景的变革，影响产业链的环节构成和地理空间分布。

（3）发展质量高

新质生产力的形成将提升产业发展的质量，加速现代化产业体系的建立，通过通用目的技术的赋能作用，提高生产效率。

（4）技术革命性突破

新质生产力是由技术革命性突破催生的先进生产力质态，涉及生产要素创新性配置和产业深度转型升级。

（5）生产要素创新性配置

新质生产力涉及劳动者的知识和技能提升，以及对新型生产工具的创造和应用，包括顶尖科技人才和应用型人才的培养。

（6）产业深度转型升级

新一代信息技术、先进制造技术、新材料技术的融合应用，孕育出更智能、更高效、更低碳、更安全的新型生产工具，为新质生产力的形成提供了物质条件。

创新创造和创新思维已成为当今世界经济社会发展的热点，那么创新和创新思维的内涵特征是什么？其重要意义何在？这将是本部分的主要学习任务。

知识点 1 何谓创新

创新是指人类为了满足自身的需要，不断拓展对客观世界及其自身的认知与行为，从而产生有价值的新思想、新举措、新事物的实践活动。

《词源》中"创"是指破坏，是开始"做"，具有明显的创造特征；"新"是指刚获得、刚出现或刚经历的，指事物在性质上改变得更好，是没有用过的。《现代汉语词典（第7版）》中解释的"创新"就是抛开旧的，创造新的。一般意义上讲，创新有三层含义，即更新、创造新的东西、改变。

创新作为一种理论，形成于20世纪。著名的创新学者、美国哈佛大学教授熊彼特从经济学角度认为创新是"一种生产函数"，即"生产要素的重新组合"，就是把一种从来没有的关于生产要素和生产条件的"新组合"引入生产，其目的是获得潜在的利润，最大限度地获得超额利润。管理学家彼得·德鲁克认为"创新是有系统地抛弃昨天，有系统地寻求创新机会，在市场的薄弱之处寻找机会，在新知识的萌芽期寻找机会，在市场的需求和短缺中寻找机会"。

创新的内在特征是立足现实、批判继承、尝试探索、标新立异。即创新必须立足于现实生产生活及最新科技发展水平，在继承前人成果的基础上，遵循事物发展变化的规律，尝试探索对事物进行整体或局部的变革、创造新的事物、提出解决问题的新方案或思想观念等标新立异的创新成果。

创新是人类社会发展的原动力，人类社会发展史实际上就是一部大众创业、万众创新的历史。18世纪的工业革命中，与蒸汽机有关的许多重大技术都是普通技术工人发明的；在我国，20世纪80年代初以家庭联产承包责任制为核心的农村经济体制改革促使大量的乡镇企业异军突起，成就了大批的农民企业家；在社会主义市场经济改革的浪潮中，部分机关事业单位、国有企业职工"下海创业"，促使大量民营企业异军突起，成就了今天以华为为代表的一批知名企业。

知识点 2 创新原理

从心理学层面上讲，创新是人类的基本属性和心理品质，为此人们总结了创新的3个基本原理。

（1）创新是人脑的一种机能和属性——与生俱来

大脑是创新的源泉，创新的过程是人的脑力劳动的过程。人的一切心理现象或者创新意识、创新精神都是人脑的一种功能，是与人类自身进化同步形成的客观天赋。推动人类社会发展的原动力正是深隐在人类大脑这块因自然因素与内在需求相结合而形成的高度复杂的自然物质之中的创新意识与创新能力。

案例 1-1-1

郭文德发明蜂窝煤

蜂窝煤，俗称"大煤球"（图1-1-1），发明人是德州市燃料公司退休职工郭文德。

郭文德，1916年出生在河北景县四里屯村，由于家境贫寒，仅仅上了三年学。退学后，他先是帮父亲种地，后进入工厂学徒，1937年开始从商。

1949年的一天，他随东家到北京。在客店里，他受到火苗从封炉子捅的眼里向上冒的启发，萌生了制作一种既方便又好烧的新煤球的想法。没技术、没资金、没先例，研制一种新产品谈何容易，郭文德有的是一股钻研劲儿。回到德州后，他与另外两个老工人一起，反复推敲，初步制造出一个加工大煤球的机具，又从煤球的配料上做了无数次的试验和改进，大煤球终于诞生了。

1950年，在德州市南门外，开张了一家叫"工业家庭社"的商号，经营一种很稀罕的商品——经济煤球。由于市民们对此不熟悉，以及受平时消费习惯制约，最初的生意并不好，每天销售不过几十个。不久随着政府的大力宣传和推广，经济煤球逐渐流行起来，每天能卖八九百个。到了1956年，更是增加到5000个，商号也改名为"利民煤球厂"。经济煤球成了城里人日常必需品，更有了蜂窝煤的新称呼。这一年，利民煤球厂转为国有企业，成为德州市燃料公司的一部分，郭文德发明的蜂窝煤也逐渐推广到了全国。

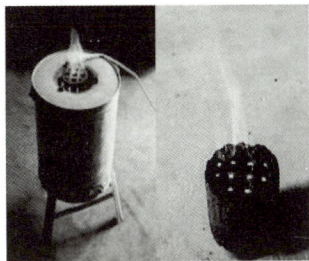

图 1-1-1　蜂窝煤

1960年，蜂窝煤实现了机械加工。但在老德州人的记忆里，还常常想起郭文德手工制作的大煤球。

（2）创新是人类自身的本质属性——人人皆有

创新是人类的本质属性，是在人类与自然交互影响中形成的一种自然禀赋。我国著名教育家陶行知先生在《创造宣言》中指出："处处是创造之地，天天是创造之时，人人是创造之人"。人人都是创新之人，人人都有创新之能，正确地认识自己，树立创新的自信心，是创新成功之前提。正所谓"成功者找方法，失败者找借口"。创新时刻在我们身边，创新对象多种多样，人人事事皆可创新。

案例 1-1-2

小女孩的创意

1821年，德国乡村一个农家小女孩拿着妈妈的木梳在家门口玩耍，玩着玩着就玩出一个花样：她拿了两个纸片，一上一下贴在木梳上，然后把它放在嘴唇上吹起来，谁知竟吹出了声音。恰巧，一位名叫布希曼的音乐家路过此处，并被这奇妙的声音吸引住了。他仔细端详了小女孩的"杰作"，回家后，他参照小女孩的木梳，结合中国古

图 1-1-2　口琴

筝和罗马笛的发音吹奏原理，用象牙制作了世界上第一把口琴（图1-1-2）。

（3）创新是一种潜在的心理品质——潜力巨大

创新并不是高不可攀的，之所以很多人认为自己缺乏创新能力，是因为虽然每个人都具有某种潜在的创新能力，但是这种创新潜力只有通过教育、训练以及创新实践活动才可能被开发利用并得到显著提高，长期的思维停滞会造成思想的僵化。能否尽早地开发自己的创新潜力，并把这种潜力转化为能力，则决定了一个人的未来。创新

潜力是人类共有的可开发的财富，是取之不尽、用之不竭的"能源"。

知识点 3 何谓创新思维

思维是人脑对客观事物本质属性和内在联系的概括和间接反映。创新思维是一种有创见的思维，是人脑对客观事物未知成分进行探索的活动，是人脑发现和提出新问题，设计新方案，开创新路径，解决新问题的活动。

创新思维能突破常规思维的界限，以超常规甚至反常规的方法、视角去思考问题，提出与众不同的解决方案，从而产生新颖、独到、有社会意义的思维成果。从哲学意义上讲，创新思维是人脑最高级的思维过程，是对传统思维方式的辩证否定，是在表象、概念的基础上进行分析、综合、判断、推理等认识活动的过程，或者说是指向理性的各种认识活动。

与动物相比，人类的眼睛不如鹰、游泳不如鱼、夜视不如猫、嗅觉不如狗、繁殖不如昆虫……人类如果只依靠这些平常的肢体、器官，不用说征服自然，就是人类自身的生存，也会出现很大的困难。人类的神奇力量并非来自肢体、器官，而是来自人类大脑所独有的创新思维能力。

我们常常会感慨"某某人的脑袋好使，点子多，办法多"，或者"某某人脑袋不灵，干啥都迟钝"。很多人认为，学历高、读书多、知识丰富、成绩好的人，脑袋一定好使。其实不一定，学历高和知识丰富只能表明一个人积累的理性经验充足，如果遇到的是反复出现的问题或常规问题，知识丰富的人很容易寻找到相应的知识"库"，可供借鉴的经验或客观规律多，因此思考起来确实更快，效率也较高。但是如果遇到的是创新性、非常规性，甚至是反常规性的问题，知识丰富的大脑可能反而受到既有经验性思维的束缚更多。也就是说，理性经验充足的人未必一定善于创新思考。

案例 1-1-3

博士后和普通工人的创造区别

某国有企业引进了一条香皂包装生产线，发现这条生产线有一个缺陷：常常发现有空盒子没有装香皂。他们请了一位自动控制专业的博士后，要求他设计一个方案来分拣空的香皂盒。博士后拉起一个由十几个人组成的科技攻关小组，综合采用了机械、微电子、红外扫描感应等技术，花了190万元，成功解决了问题。每当生产线上有了空香皂盒通过时，两旁的探测仪立即就能检测到，并驱动机械手把空盒子捡走。

中国西部有一家民营企业也买了同样的生产线，老板发现这个问题后大为恼火，找来一名工人，并说："想想办法，把这个问题搞定。"工人很快想出了一个办法：他花了190元钱在生产线旁边放了一台大功率风扇猛吹，将空香皂盒全部都吹走了。

知识点 ④ 创新思维的特征

创新思维是以唯物辩证法为指导，以全面而深厚的理论和实践经验为基础，以现实的需要为导向的思维方式。创新思维又称为"独创思维""反常思维"，旨在摆脱固有思维（常规思维）的束缚，即非传统的独特的思维。简言之，就是想一般人没有想到的事，办过去没有办到的事。习近平新时代中国特色社会主义理论就是马克思主义中国化时代化的伟大创新，是创新思维的典范。

创新思维的本质在于将创新意识的感性愿望提升到理性的探索上，实现创新活动由感性认识到理性思考的飞跃，它具有以下基本特征。

1）联想性。联想是创新者在创新思考时经常使用的方法，也是比较容易见到成效的创新思维方式。通过联想能将表面看来互不相干的事物联系起来，从而达到创新的界域。联想性思维有助于人们利用自己已有的经验和成果进行创新，如我们常说的由此及彼、举一反三、触类旁通。

2）求异性。创新思维要求关注客观事物的不同性与特殊性，关注现象与本质、形式与内容的不一致性。一般来说，人们对司空见惯的现象和已有的权威结论怀有盲从和迷信的心理，这种心理使人很难有所发现、有所创新。而求异性思维则不拘泥于常规，不轻信权威，以怀疑和批判的态度对待一切事物和现象。创新思维是一种创造性思维，它不是简单地重复以往人们的思维过程，而是以"新、独、特"等来标新立异。

3）发散性。发散性思维是一种开放性思维，其过程是从某一原点出发，任意发散，既无一定方向，也无一定范围。它主张打开大门，张开思维之网，冲破一切禁锢，尽力接受更多的信息。人的行动自由可能会受到各种条件的限制，而人的思维活动却有无限广阔的天地，是任何外界因素都难以限制的。发散性思维常常能够产生众多的可供选择的方案、办法及建议，能提出一些独出心裁、出乎意料的见解，使一些似乎无法解决的问题迎刃而解。

4）逆向性。逆向性思维就是有意识地从常规思维的反方向去思考问题的思维方法。如果把传统观念、常规经验、权威言论当作金科玉律，常常会阻碍创新思维活动的展开。面对新的问题或长期解决不了的问题，不要习惯于沿着前辈或自己长久形成的、固有的思路去思考问题，而应从相反的方向去寻找解决问题的办法。

5）综合性。综合性思维不是把对事物各个部分、侧面和属性的认识，随意地、主观地拼凑在一起，也不是机械地相加，而是把它们按内在的、必然的、本质的联系，统一为一个整体，从而把握事物的本质和规律的一种思维方法。创新思维不可能单凭个人的新发现而实现，不可能是无源之水，而是要善于借鉴别人的成果，贵在综合集成和二次开发应用。无论是伽利略还是爱迪生，无论是弗洛伊德还是爱因斯坦，他们的创新成果都有一个共同特点：吸收并综合使用他人的成果。光的本质、质量、速度等范畴的内涵，早在爱因斯坦提出相对论之前就已被揭示出来，他只是以广阔的视野、新颖的方式，把它们融合起来，成就了划时代的伟大创新。

知识点 ⑤ 几种常用的创新思维方法

人们在长期的创新创造实践活动过程中，通过不断地总结和提炼，得到了许多可借鉴的创新思维方法，下面介绍常用的四种创新思维方法。

1. 质疑思维

质疑思维是指创新主体在已有事物的条件下，通过"为什么"（可否或假设）的提问，综合应用多种思维方法改变原有条件而产生新事物（新观念、新方案）的思维。要创新，就必须对前人的想法加以怀疑，从前人的定论中提出自己的疑问，才能够发现前人的不足之处，才能产生自己的新观点。洗澡是一件非常普通的日常小事，人们习以为常，都觉得司空见惯，不值得一提，而恰恰就是在这人人都十分熟悉的生活活动中，大科学家阿基米德从中悟出了一个重大的科学发现——浮力定律，而另一位科学家谢皮罗教授也从中发现了玄机——水流漩涡的方向性规律。

古人云："学贵多疑，小疑则小进，大疑则大进。"为了创造，就必须对前人的想法和做法加以怀疑。当我们能够提出自己的疑问时，就说明我们对创造对象有了独立的思考。只有先有怀疑，才能提出问题，在提出问题的基础上，才能够解决问题，才能够产生新的发明创造。

实际上，创新就是由"好奇"而"观察"，"未知"而"探索"，想别人未想，进而发现和提出问题，并最终解决问题的过程。好奇心是创新意识的诱发剂，也是创新精神和创新勇气的助力器，一切发明创造都是以发现问题为起点的。爱因斯坦说过："提出一个问题，往往比解决一个问题更重要，因为解决问题也许仅仅是一个数学上或实验上的技能而已。而提出新的问题、新的可能性，从新的角度去看旧的问题，需要有创造性的想象力，而且标志着科学的真正进步"。

2. 发散思维

发散思维又称辐射思维、放射思维、扩散思维或求异思维，是一种以某一扩散点（即核心关注点）为中心，沿不同方向、不同角度向外扩散的思维模式。它表现为思维视野广阔，思维呈现出多维发散状。如"一题多解""一事多写""一物多用"等。不少心理学家认为，发散思维能力是测定创造力的主要标志之一。

正所谓"行为有限，思域无疆"。日常生活中我们经常会发现很多人的思维跨度很大，能够海阔天空地去想；而有些人则缺少思维的广度，总是在一个小圈子里转来转去，怎么也发散不了。要想突破惯性思维，就要有意识地运用发散思维，试着将思维的广度扩展一下，就会有新的发现和创意。

根据扩散点的不同，发散思维可分为功能扩散、用途扩散、结构扩散、方法扩散、关系扩散等多种形式。例如以实现照明功能为扩散点，可以想到油灯、白炽灯、LED 灯、蜡烛、手电筒、火柴、火把等许多方法；又如以纸张的用途为扩散点，可以想到写字、画画、裁剪，想到纸可以折叠成各种形状、制成各种纸制用品等；再如以球形结构作为扩散点，可以想到地球、月球、篮球、足球、乒乓球、钢珠、球形建筑、球形容器等。

案例 1-1-4

小朋友的发散思维

老师问学生："树上有 10 只鸟，开枪打死了一只，还剩几只？"这是一个大家都非常熟悉的脑筋急转弯问题。聪明的人会回答"1 只不剩"，不动脑筋的人会老实地回答"还剩 9 只"。但有个小孩却是这样反应的。

他反问"是无声手枪吗？""不是。"

"枪声多大？""80 分贝到 100 分贝。"

"在这个地方打鸟犯不犯法？""不犯法。"

"你确定那只鸟真的被打死了吗？""确定。"

老师已经不耐烦了，"拜托，你告诉我还剩几只就行了"。

"树上的鸟有没有聋的？""没有。"

"有没有关在笼子里的？""没有。"

"边上还有没有其他的树，树上还有没有其他的鸟？""没有。"

"有没有残疾的鸟或饿得飞不动的鸟？""没有。"

"算不算怀孕鸟妈妈肚子里的鸟？""不算。"

老师已经很不耐烦，但那个孩子还在继续问。

"会不会一枪打死两只鸟？""不会。"

"所有的鸟都可以自由活动吗？有没有鸟巢？里面有没有不会飞的小鸟？""所有鸟都可以自由活动。"

小孩自信地说："如果您的回答没有骗人，打死的鸟如果挂在树上没有掉下来，那么就剩 1 只，如果掉下来了，就 1 只不剩。"

3. 互动思维

当我们遇到思想的瓶颈，走不出自己的思维框架时，可尝试与他人进行沟通和交流，在讨论中迸发思维的火花，从别人的思想中得到启发，获得解决问题的新思路、新方案，这就是互动思维。

在一个创新团体中，互动思维是非常重要的，当一个人的头脑活跃起来并提出新想法的时候，就会对别人的头脑产生一定的刺激作用，带动大家的头脑都活跃起来，即所谓的"头脑风暴法"。头脑风暴法是由美国现代创造学奠基人奥斯本首创的一种激发创新思维的方法，适用于群体训练。该方法主要由创新小组成员在不受任何限制的融洽气氛中以会议形式进行讨论，打破常规，积极思考，畅所欲言，充分发表看法。

头脑风暴法的基本原则是"以量求质、延迟评判、组合运用"。头脑风暴法没有令人拘束的规则，参与者均能自由地思考，在互动启发中进入思考的新区域，产生更多新观点或解决问题的新方法。当参与者有新观点时就大声说出来，并在他人提出的观点之上再产生新观点。将所有的观点都记录下来，但当时不进行评论。只有头脑风暴会议结束的时候，才对这些观点进行评判。这种方法主要是通过信息的碰撞，引发和加剧思维活动，打破习惯性思维的束缚，克服思想的麻木、迟钝、僵化状态，使思想获得彻底解放，使思维变得极度活跃和灵活，加快思维活动速度，提高思维活动效率。头脑风暴法正被广泛地运用于课堂教学、科学探索、集体讨论等领域。

头脑风暴法的核心要点一是"激智"，即把大家潜在的智慧激发出来；二是"集智"，即将大家已有的智慧集中起来。

案例 1-1-5

让上帝来扫雪

美国西部某供电公司，每年都会因为大雪压断供电线路而造成巨大的经济损失。一次公司召开大会讨论问题的解决方案。每年给供电线路扫雪，不仅耗费大量的人力，而且根本无济于事，问题的关键就在这儿，大家都为此感到焦头烂额。于是大家开始头脑风暴，在激烈的讨论过程中，轮到一个员工提出方案时，因为实在想不出什么好的办法，就半开玩笑地说："我没什么办法了，若能让上帝拿个扫把来打扫就好了！"这时另一个员工顿时醒悟："就给上帝一个扫把！"大家还没明白过来，他接着解释道："让直升机沿线路飞行，直升机产生的巨大风力可以吹散线路上的积雪！"公司领导立即拍板，并给执行扫雪任务的飞机取名"上帝号"，后来经过试验还真的成功了。从此，该供电公司解决了一个大难题，每年仅此一项就节约了几百万美元的开支，节省了大量的人力，创造了良好的社会和经济效益！

4. 联想思维

联想思维简称联想，是指人们将一种事物的形象与另一种事物的形象相互联系起来，通过寻求它们之间共同的或相似的规律，从而得到解决问题的思路的思维方法。联想思维是人们经常用到的一种思维方法，它是由于某种诱因导致不同表象之间发生联系的一种自由思维活动。简单来讲，联想一般是由于某事而引起的相关思考，人们常说的由此及彼、由表及里就是联想思维的体现。联想可有效地建立不同事物之间的相互联系，对人们开阔新思路、寻求新对策、谋求新突破具有重要意义。例如，发明者通过联想能从舞剑中悟到书法之道、从蝙蝠声频中想到电波、从苹果落地发现万有引力定律。

联想思维一般离不开思维对象的感性形象。它是能动的，却不是纯主观的；是自由的，却不是任意性的。不论人们自觉不自觉，联想思维总是受客观对象、客观条件的制约，因此它必须指向一定的方向。

联想思维通常可分为以下几种方法。

1）接近联想。指因甲、乙两事物在空间或时间上接近，并已形成巩固的条件反射，于是由甲联想到乙，而引起一定的表象和情绪反应。如听到蝉声联想到盛夏，看到大雁南去而联想到秋天到来等。人们常因见某景、睹某物、游某地、见某人，而想到与此景、此物、此地、此人有关的人和事。如见到大学老师，就想到他过去讲课的情景；老师看到学生就想到教室、实验室及课本等相关事物。

2）相似联想。指由某一事物或现象想到与之相似的其他事物或现象，进而产生某种新设想。这种相似性可表现为事物的形状、结构、功能、性质等某一方面或某几方面。它最主要的特征是不同质的甲、乙事物之间由此及彼的类比推移。如美国工程师斯宾塞在做雷达起振试验时，发现他口袋里的巧克力融化了，原来是雷达发射时的微波造成的，由此他联想到用它来加热食品，进而发明了微波炉。又如瓦特在用茶壶烧水时观察到蒸汽能将壶盖顶起来而产生联想，发明了蒸汽机。

3）对比联想。指由某一事物的感受引起对与之具有相反特性的事物的联想。它是对不同对象的对立关系的概括。如由白色想到黑色，由黑暗想到光明，由寒冷想到温暖等。日本索尼公司的工程师，由大彩电开始进行对比联想，制成了薄型袖珍电视机。

以上介绍了常见的四种创新思维方法，其他的创新思维方法还有很多，如类比思维、逆反思维、还原思维、系统思维等，将在后续模块中详细介绍。

能力训练

训练① 发散思维

1. 训练情境

现今,互联网已进入千家万户,渗透到我们日常生活的方方面面,请运用发散思维列出互联网的缺点和不利影响,并给出你的解决思路。

2. 训练要求

通过分组讨论,至少列出5项互联网给人们生产生活带来的不利影响,分析其产生的原因、影响范围及影响程度,并给出科学合理的创新性解决方案。要求所采用的创新思维方法正确,思维有一定的深度和广度,所提出的解决方案科学合理、可行,并具有一定的创新性。

3. 训练过程

发散思维训练的基本逻辑过程如图1-1-3所示。

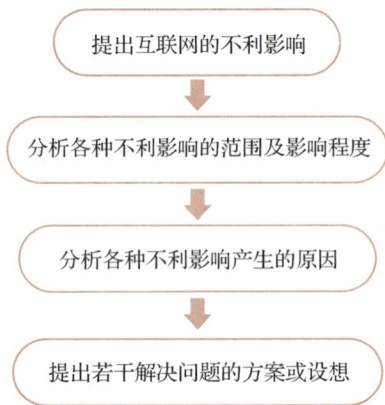

```
        ┌─────────────────────────┐
        │    提出互联网的不利影响    │
        └─────────────────────────┘
                    ↓
     ┌───────────────────────────────┐
     │  分析各种不利影响的范围及影响程度  │
     └───────────────────────────────┘
                    ↓
      ┌─────────────────────────────┐
      │   分析各种不利影响产生的原因    │
      └─────────────────────────────┘
                    ↓
      ┌─────────────────────────────┐
      │   提出若干解决问题的方案或设想   │
      └─────────────────────────────┘
```

图1-1-3 发散思维训练的基本逻辑过程

4. 训练成果

发散思维的训练过程及其成果请填入表1-1-1。

表1-1-1 发散思维的训练过程及其成果

班级		小组成员		
序号	缺陷或不利影响	影响范围或程度说明	原因分析	解决方案或设想
1				

（续）

班级		小组成员		
序号	缺陷或不利影响	影响范围或程度说明	原因分析	解决方案或设想
2				
3				
4				
5				
6				

训练 2 互动思维

1. 训练情境

针对地铁、高速公路、矿物开采等地下挖掘作业中可能遇到的塌方、渗水、火灾、爆炸等安全事故，设计一种"智能安全帽"，以便对地下挖掘施工现场进行监控、指挥和出现安全事故后应急救援，请给出你的设计构想。

2. 训练要求

通过分组讨论（每组8~10人），选出研讨会的主持人，围绕训练情境，按照头脑风暴法的基本原则，分析对地下挖掘施工现场进行监控、指挥和出现安全事故后应急救援需要解决的问题，以及"智能安全帽"应具有的功能，提出解决问题的方案设想。要求小组的每个成员都必须参与并提出自己的想法，由主持人指定专人对研讨会的全过程进行记录，所提出的解决方案应科学合理、可行，并具有一定创新性。

3. 训练过程

互动思维训练的基本逻辑过程如图1-1-4所示。

```
┌─────────────────────────────────┐
│        分组并选择会议主持人        │
└─────────────────────────────────┘
                 ↓
┌─────────────────────────────────────────┐
│  明确主题，独立思考进行"预热"，营造自由轻松的氛围  │
└─────────────────────────────────────────┘
                 ↓
┌───────────────────────────────────────────┐
│ 围绕"智能安全帽"需要解决的问题和应具有的功能进行头脑风暴 │
└───────────────────────────────────────────┘
                 ↓
┌───────────────────────────────────────────┐
│  主持人整理、总结形成关于"问题"和"功能"的统一结论   │
└───────────────────────────────────────────┘
                 ↓
┌───────────────────────────────────────────┐
│  围绕统一的"问题"和"功能"，就解决方案进行二次头脑风暴 │
└───────────────────────────────────────────┘
                 ↓
┌───────────────────────────────────────────┐
│  主持人组织专人分类整理，进行组合优化，给出活动结果  │
└───────────────────────────────────────────┘
```

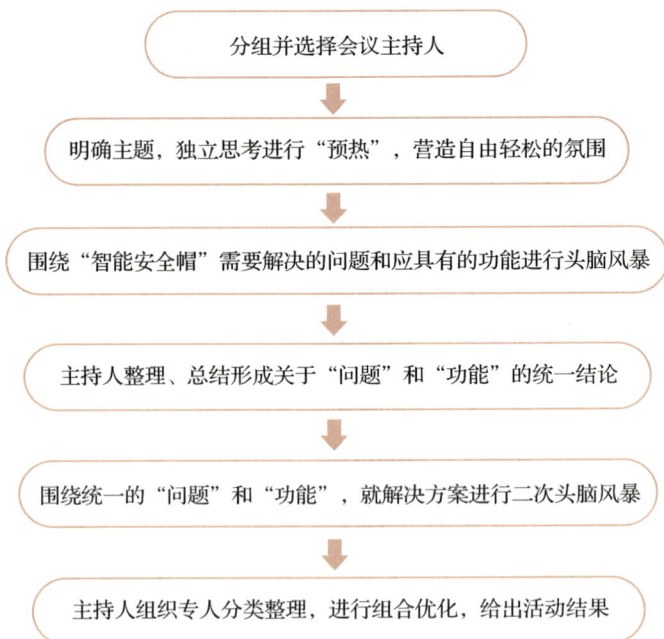

图 1-1-4　互动思维训练的基本逻辑过程

4.训练成果

互动思维的训练过程及其成果请填入表 1-1-2。

表 1-1-2　互动思维的训练过程及其成果

班级		小组成员	
主题	采用头脑风暴法提出"智能安全帽"的创意构想		
过程记录			
整理、优化组合后的活动结果	应解决的主要问题和应具备的功能		解决方案或设想

拓展训练

拓展训练 1：扫描二维码，在线完成 20 道理论知识训练题。

拓展训练 2：创新案例分析。

训练题 1.1

创意之水

从前，西部有个缺水严重的边远小镇，居民要到 5000 米之外的地方去挑水。因此，水成了人们生活中的一大难事，对缺乏劳动力的家庭来说就更困难了。

困难就是商机。脑瓜灵活的村民甲挑起水桶，以挑水、卖水为业，每担水卖 2 毛钱。虽然辛苦点，但还算是一条不错的挣钱路子。村民乙见了，觉得不能让他一家独占市场，也走上挑水、卖水之路，并且将两个儿子也动员进来，很快占据了市场的大头。甲想，你家劳动力强，也不如我的脑袋瓜好用。于是他略加思索后决定，买来 20 副水桶，并请 20 个闲散劳动力，由他们挑水，自己坐镇卖水，

每担水抽成 5 分钱。这样既省了力气，又多赚了钱。可时间一长，这些闲散劳动力熟悉了门道，不再愿意被抽成，纷纷单干去了。于是甲一下子成了"光杆司令"，而且此时竞争更激烈了。但聪明人是不会被难住的。甲请人做了两个大水柜车，并租来两头牛，用牛拉车运水，每次能运 40 担水，效率提高了，成本却降低了，因此赚得更多了。这让其他人看得直眼红。

人们很快看到了"规模经营"的优势，纷纷联合起来，或用牛拉车，或用马拉车，参与到竞争中。然而，正当竞争日趋激烈时，人们突然发现，自己的水竟然卖不出去了，原因是甲买来水管，安装了管道，让水从水源地直接流到村子里，自己坐在家里卖水就行了，且价格大幅度下降，一下子垄断了全部市场。

根据上述案例，分析并回答以下问题。

1）村民甲能按市场情况不断调整自己的经营模式，并始终占领市场的制高点，说明了什么？

2）村民甲始终处于不败之地的根本原因是什么？给我们哪些启示？

拓展训练 3："智能分类垃圾桶"创意设计。

针对城市垃圾分类遇到的主要问题，按可回收垃圾、不可回收垃圾、危险化学品等分类要求，设计一种"智能分类垃圾桶"，完成混合垃圾的自动分类。请给出你的设计构想，说明其主要功能。

任务 1.2 克服思维定式，激发创新潜能

学习目标

1. 理解思维定式的基本内涵、特征和原理，能够识别思维定式的类型。
2. 能运用基本的突破思维定式的方法进行创造性思维活动，激发创新潜能。

引导案例

大象的悲剧

一家马戏团突然失火，人们四处逃窜，所幸无人员伤亡。但令马戏团老板伤心的是，那头值钱的大象被活活烧死了。"这怎么可能呢？拴住大象的仅仅是一条细绳和一根小木桩啊！"老板怎么也想不通。通常，没有表演节目的时候，马戏团工作人员会用一条绳子绑在大象的后腿上，以免大象逃跑。为什么一根小小的木桩就能拴住一头力大无比的大象呢？原来在象很小的时候，人们就拿铁链锁住它的腿，然后绑在大树上。每当小象企图挣脱时它的腿就会感到疼痛，经过无数次的尝试，小象都没有成功逃脱，久而久之形成了一种腿上有捆绑物就无法逃脱的印象。虽然长大后绑在它腿上的只是一条小绳子和小木桩，但是它也不再尝试逃脱了。

案例思考：成年大象力气大到足以将一棵树连根拔起，但案例中的大象却无法挣脱细细的绳索和小小的木桩，是什么束缚住了它呢？

案例启示：大象从小就形成了无法摆脱腿上捆绑物的印象，并一直保持到长大，却没有通过尝试去发现已经变化了的情况，拴住大象的不是绳索和木桩，而是那种"腿脚上有捆绑物就没法逃脱"的思维定式。

基本知识

"刻舟求剑"和"守株待兔"的成语故事大家耳熟能详，用来比喻办事墨守成规、固守教条、不知变通。这种不顾环境变化的处事观念和行为，用今天的话来说就是思维定式、路径依赖。

习近平总书记强调："坚决破除条条框框、思维定势的束缚，深入推进重要领域和关键环节改革""紧密结合实际，打破思维定式，转变思想观念，紧盯本地区本部门

本单位影响和制约高质量发展的问题短板及其根源，开展靶向治疗"。

知识点 ❶ 何谓思维定式

思维定式是指思维主体受已有的经验、知识、观念、习惯和需求的影响，思考问题时，在大脑中形成的一种惯用的、格式化的思考模型。人们在认知人或事物时，总是根据自己以往的经验、知识、认知来判断，当面临外界事物时，能够不假思索地纳入特定思维框架进行处理。

思维定式是一种心理现象，从心理学角度说思维定式是指思维的惯性或惰性，是思考问题时所具有的倾向性和心理准备，是"过去的思维影响现在的思维"，正如"只会使用锤子的人，总是把一切问题都看成钉子"。

思维定式总是建立在一定的社会实践基础上的，人们通过不断的学习和实践累积，逐步形成自己的生活经验和自己独有的认知客观世界的模式，形成自己独特的思考和处理问题的习惯，所以思维定式具有明显的个体性。

知识点 ❷ 定式效应

思维定式对于解决经验范围内的一般性、常规性的问题具有积极作用，它能使人们熟练地运用以往的经验，简洁、快速地处理问题，可以省去许多摸索、试探的步骤，缩短思考时间，提高效率。思维定式的这些作用也被称为定势效应，它能使人在客观事物和环境相对不变的情况下，对人和事物的认知更快速、更有效。刑侦警察能一眼辨认出小偷、逃犯、走私分子，能从蛛丝马迹中察觉作案人员的多方面具体情况，这正是思维定式的积极作用。但是，思维定式容易使人产生思维惰性，养成一种呆板、机械、千篇一律的解决问题的习惯，当新旧问题相似而实质有差异时，思维定式常常使人步入误区，而不利于发明创造。对于那些超出经验范围的非常规问题，对那些需要运用新的思路和办法创造性地加以解决的问题，思维定式则是一种障碍。

每个人都在不同程度地被自己的惯性思维所左右。如人们上班时总是习惯走一条固定的路线或是乘坐固定的某路公交车；出差时喜欢住在自己熟悉的宾馆，原因是人们相信经验，害怕改变，担心改变会给自己带来麻烦，但这种习惯往往不一定是最佳选择。在职场中，很多人不断地"跳槽"，但始终很难找到满意的单位，原因之一在于他们总是将之前单位的制度文化和做事风格带到新单位来套用，所以一再碰壁。事实上不是你现在的单位不好，而是你不能突破和改变之前的思维和行事方式。

创新思维的本质在于对现有思维方式的超越，阻碍思维创新的主要因素必然来自于被超越者——思维方式本身，所以思维定式是创新思维的最大障碍，阻碍新思想、新观点、新技术、新形象的形成与传播。因此，突破思维定式是创新思维的前提。

案例 1-2-1

可怜的骡子

从前，一头骡子从小就在磨坊里拉磨，日复一日地绕着石磨兜圈子，勤勤恳恳。有一天，它终于老得拉不动石磨了。主人觉得它劳苦功高，就决定把它放生到大自然中，享受自由，在绿草蓝天中度过余生。但这头骡子从来没有享受过这样的自由，从记事的时候开始，就只知道拉磨，在宽阔无垠的大草原上，骡子吃饱以后，没有任何事情可做，就围绕一棵树不断地兜圈子，直到最后死在树下。

知识点 3 思维定式的类型

当人在思考问题时，必然会将问题与头脑中所存储的知识、信息和经验之间建立起某种联系，这种联系每发生一次，都会使其得到巩固和加强，并最终形成一种习惯性思维。这种思维如同条件反射一样，使人一旦碰到类似的问题时，就会自然而然地重复同样的思维路径，它阻碍人们跳出固有的思维模式，限制了人们的创造性思考。如果不首先改变自己的思维框架，由简单的非此即彼的线性思维转向"复杂"的环环相扣的系统思维，那么就永远不能摆脱思维"怪圈"的阴影。阻碍创新思维的思维定势目前有多种不同的分类方法，比较普遍的分类方法有以下几种。

1. 书本定式

所谓书本定式，就是在思考问题时不顾实际，不假思索地盲目运用书本知识，一切从书本出发，以书本为纲的思维模式。书本对人类所起的积极作用是显而易见的，但许多书本知识是有时效性的，随着社会的发展，知识是不断更新的。若在书本知识与客观事实之间出现差异时，受到书本知识的束缚，死抱书本知识不放，就会形成思想障碍，失去获得重大创新成果的机会。对书本的盲目崇拜和迷信，将严重地束缚、禁锢创新思维和认识的发展。我们既要学习书本知识，接受书本知识的理论指导，又要防止书本知识可能包含的缺陷、错误或落后于现实的局限性。善于学习新知识，又不盲目迷信书本，勇于对书本知识提出质疑，这是一种可贵的探索求知精神，是创造发明的萌芽。正如人们常说的，"真理诞生于一百个问号之后"。

案例 1-2-2

盖伦书中描述的人类腿骨

古罗马时代的伟大医学家盖伦一生写了数百部著作，确实是当时医学的最高成就，对医学的发展产生了巨大影响。但是，在以后的1000多年时间里，他的成就被严重夸大化、绝对化，成为至高无上的经典，任何人都不能怀疑和违反。其中一本书上说：人的腿骨也像狗的腿骨一样是弯曲的。后来人们从解剖实践中发现，人的大腿骨并不是弯曲的，而是直的。其实应该根据实际发现纠正盖伦的说法，但人们仍然对他的论断确信不疑，为此对新发现的事实做了这样牵强的解释：盖伦时代人们穿长袍，腿骨的弯曲得不到矫正，后来穿裤子了，狭窄的裤腿箍住腿骨，几百年后人们的腿骨也就变直了。

2. 权威定式

在思维领域，不少人习惯引用权威的观点，不假思索地以权威的是非为是非，一旦发现与权威相违背的观点，就认为是错误的，这就是权威定式。人类是社会性的动物，有人群的地方就有权威，人类的社会活动也需要权威。权威是必要的，但权威定势却是创新思维的枷锁，既要尊重权威，又不迷信权威，不受权威束缚。事实上权威也是会犯错误的，比如，大发明家爱迪生曾极力反对交流电，许多科学家都曾预言飞机是不能上天的，所以在英国皇家学会的会徽上有一句话——"不迷信权威"。

案例 1-2-3

不信权威的伽利略

古希腊哲学家亚里士多德认为"物体自高空下降的速度与其重量成正比"，且被当时的科学研究人员信奉为不容更改的权威真理。1800多年后，伽利略对这一权威论断提出了自己的质疑，指出了这一论断在逻辑上的矛盾。他指出，假如一块大石头以某种速度下降，按照亚里士多德的论断，一块小石头就会以相应慢些的速度下降。要是我们把这两块石头捆在一起，那这块重量等于两块石头重量之和的新石头，将以何种速度下降呢？按亚里士多德的论断，势必得出截然相反的两个结论。一方面，新石头的下降速度应小于大石头的下降速度，因为加上了一块以较慢速度下降的小石头，会使大石头下降的速度减缓；另一方面，新石头的下降速度又应大于大石头的下降速度，因为把两块石头捆在一起，它的重量大于大石头。这两个互相矛盾的结论不能同时成立，可见亚里士多德的论断是不合逻辑的。伽利略进而假定，物体下降速度与它的重量无关，如果两个物体受到的空气阻力相同或将空气阻力略去不计，那么，两个重量不同的物体将以同样的速度下落，同时到达地面。尽管传说中的"比萨斜塔试验"还没有被史学说所证实，但现在大家都知道伽利略所提出的假设是正确的科学真理。所以说尊重权威是必要的，但迷信权威就可能导致科学研究误入迷途。

3. 经验定式

人们通常将在实践中所获得和积累的一切感受、体验、认识统称为经验。我们生活在一个经验的世界里，从幼年到成年，各种学习、生活和工作的经历都不知不觉地进入我们的头脑，形成了丰富的经验。一般情况下，经验能让我们在处理问题的过程中得心应手，但经验是相对稳定的，人们对经验的过分依赖会逐渐形成一种固定的思维模式，削弱人们的想象力和创造力，这就是所谓的经验定式。我们都希望自己有丰富的经验，以从容应对瞬息万变的现实，通过长时间的实践活动所取得和积累的经验，是值得重视和借鉴的。但常受经验定势的束缚，就会使人墨守成规，不敢尝试冒险，因循守旧，失去创新能力。《伊索寓言》中"驮盐巴过河的驴子"的故事就是一个典型的案例。一头驴驮着两大包盐过河，重重的盐将它压得头昏眼花。过河的时候，它一不小心倒在水里，挣扎了半天起不来，它索性躺在水里休息了一会儿，驴感到背上的盐越来越轻，最后竟毫不费力地站了起来，驴高兴极了。后来又有一次，它驮着一大包海绵过河，想起上次过河的经验，就故意躺下身去一动不动，过一会儿后它想着，海绵一定变轻了，便要站起来，但它再也站不起来了，因为海绵吸饱了水，重量增加了许多倍。驴的悲剧就在于它把偶然的经验当作必然来对待。

经验具有很大的局限性。首先是时空的局限性，有些经验只适用于某一范围、某一时期，在另一范围、另一时期则并不适用；其次是主体的局限性，经验只是人们在实践活动中取得的感性认识的初步概括和总结，并没有充分反映出事物发展的本质和必然规律，不少经验只是某些表面现象的初步归纳，所以说别人的经验未必适合你，各种经验交流会和学术报告中的内容需要辩证地吸收和运用；最后是偶然的局限性，由于经验受许许多多外部条件的影响，无论是个人的经验还是集体的经验，一般都不可避免地具有只适用于某些场合和时间的局限性，有些经验貌似充分合理，实际上却是片面的，有失偏颇的，具有一定的偶然性。

所谓"初生牛犊不怕虎"，是因为初生牛犊没有经验，没见过老虎，不知道老虎的厉害，把老虎当成一个普通的"侵略者"，遇见老虎只是本能地弓腰低头用牛角去撞。而老虎则被这种意想不到的抵抗弄得不知所措，落荒而逃。而老牛深知老虎的厉害，遇见老虎，骨酥腿软，大多成了老虎的盘中餐。

案例
1-2-4

移除挡路石

古时候，某皇城的城墙在雨中崩塌了，塌下来一块巨石挡在路中央。第二天，皇上要到城里的寺庙去看看，必须保障道路畅通无阻。官员们四处找寻工人，要他们把石头搬走，但因下大雨场地泥泞，石头很难搬走。第二天皇帝怪罪下来可怎么办呢？

正在燃眉之际，其中一人想到一个好的方法，在石头前挖一个大坑，把石头埋起来，于是问题得以解决。为什么那些急得团团转的官员没有想到这个创新性的想法呢？原因是他们的头脑中有个固有的经验，就是清除巨石只能用滚、扛之类的方法才能移走。

4. 从众定式

从众，就是从大众、随大流、追随大伙，这是一种最常见的思维定式。思维从众倾向比较强的人，在认知事物、判断是非时，往往随声附和，人云亦云，缺乏独立思考和创新观念。

人类是从群居动物进化而来的，群居动物必须服从群体意志，少数服从多数是维护群体意志的基本准则，个体一旦脱离群体就难以生存。通常思维上的从众会使人有一种归属感和安全感，能够消除孤单和恐惧的心理，只要从众，即使说错或做错了什么，也无须一人承担责任，正所谓"法不责众"。理性的从众在大多数情况下使人们不必太费脑筋就能找到解决问题的捷径。但从众思想过重的人会缺少独立性，难以具备创造性思维能力。

每个人或多或少都有从众心理，对一些约定俗成的说法或做法，应该保持应有的判断力，既要相信"群众的眼睛是雪亮的"，又要相信"真理往往掌握在少数人手中"。在科学技术和真理问题上，往往不能用"表决"的方法实行"少数服从多数"的原则。通常"大流"所传播的都不是最新的思想、尖端的科技，大多为普及型的思想与科技常识，一些最新的概念、规律、思想、理论、技术、工艺都是个别科学家或工程技术人员首先提出来的，刚开始时往往只有极少数人能理解和接受。在掌握科技前沿情况的基础上，只有敢于不随大流、敢于独立思考、标新立异、反潮流，才能进行创新思维。

案例 1-2-5

牛仔裤大王

19世纪40年代后期，人们在美国加利福尼亚州发现了金矿，掀起了一股"淘金热"。许多先行者一天之内成为百万富翁，吸引了更多后继者潮水般涌来。

一天，一位叫莱维的淘金者与一位疲惫不堪的矿工坐在一起休息，这位井下矿工抱怨说："唉，我们这样一整天拼命地挖！吃饭、睡觉都怕别人抢在前面，裤子破了也顾不上缝补，这个鬼地方，裤子破得特别快，一条新裤子穿不了几天就可以丢了……"

"是吗？如果有一种耐磨耐穿的裤子……"，莱维顺着他的话说到一半就呆住了。帆布不正是最耐磨的布料吗？对！就这样！他一把扯住那个矿工就往外走。莱维把矿工带到熟识的裁缝店里，对裁缝师傅说："用帆布做一条方便井下穿的裤子，你看行吗？"

如果当年莱维随大流投入淘金的角逐中，而不是寻找自己的突破点，那么"牛仔裤大王"恐怕就不是莱维了。

知识点 ④ 思维定式的突破

客观事物千差万别，情况又总是在变化，如果总是用"老眼光看人"，凭"想当然"办事，有时也会出错，有很多定势的思维束缚住了我们，只是我们可能没有意识到。突破思维定式，必须克服思想的惰性，学会辩证的思维方法，学会用发展的观点看问题，打破习惯性思维，变换视角，跳出固定的思维定式。要有"初生牛犊不怕虎"的精神，敢为人先。勇于在思想解放中求创新，在创新中求变革求发展。

人在成长过程中，受到太多外界评判或遭遇过多的挫折，往往会阻碍其思维的开放和流畅，扼杀其行动的欲望，致使其生活的热情、奋斗的欲望和创新的思维遭到压制和封杀。人生的大门往往是没有钥匙的，在命运的关键时刻，人最需要的不是墨守成规的钥匙，而是一块砸碎障碍的石头。打开思维定式的"锁"，不囿于思维定式的误区，就是要开阔视野，多角度思考问题。

突破思维定式，必须掌握创新思维方法，通过创新实践活动培养自己的创新思维能力。创新思维的方法有很多，除上一个学习任务中介绍的质疑思维、发散思维、互动思维、联想思维等，后续还将介绍其他一些方法。

能力训练

训练 突破思维定式的思路

1. 训练情境

请根据思维定式的内涵和特征，对照生活中的真实案例，总结突破思维定式的思路，形成突破思维定式的思维习惯，更好地激发创新思维。

2. 训练要求

通过分组讨论，至少列出 3 个不同类型的思维定式案例，分析其产生的原因，并给出突破思维定式的思路。要求能准确识别思维定式的类型，提出的突破思维定式的思路及方法科学合理。

3. 训练过程

突破思维定式训练的基本逻辑过程如图 1-2-1 所示。

4. 训练成果

突破思维定式的训练过程及其成果请填入表 1-2-1。

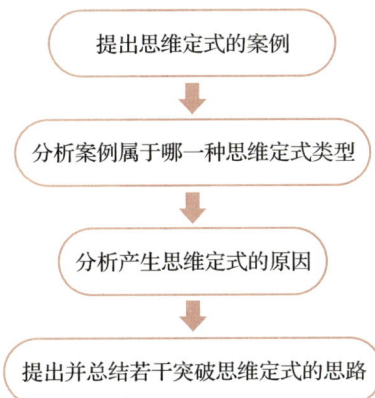

提出思维定式的案例

↓

分析案例属于哪一种思维定式类型

↓

分析产生思维定式的原因

↓

提出并总结若干突破思维定式的思路

图 1-2-1　突破思维定式训练的基本逻辑过程

表 1-2-1　突破思维定式的训练过程及其成果

班级		小组成员		
序号	缺陷或不利影响	影响范围或程度说明	原因分析	解决方案或设想
1				
2				
3				
4				

拓展训练

拓展训练 1：扫描二维码，在线完成 20 道理论知识训练题。

拓展训练 2：突破思维定式。

1）下面是某电视节目中的一道测试题：

训练题1.2

①不许用任何数学符号，把三个 1 组成尽可能大的数，这个数是什么？

②不许用任何数学符号，把三个 2 组成尽可能大的数，这个数是什么？

③不许用任何数学符号，把三个 3 组成尽可能大的数，这个数是什么？

试问，正确的答案应是什么？是什么原因导致了答案的错误？

2）某足球运动员有个亲弟弟，可这位弟弟却没有亲哥哥，怎么回事？

3）一个盲人走到悬崖边，没人叫停他，却停住了，怎么回事？

4）你面前有一张很大的正方形普通打印纸，你把它从正中折叠一次，纸的面积减小一半，而厚度则增加一倍。然后，再从正中折叠第二次，纸的面积又减小一半，而厚度又增加一倍。如此连续不断地进行下去，折叠 50 次。请问，这张纸的厚度将达到多少？

拓展训练 3：案例分析。

在英国的亚皮丹博物馆中，有两幅藏画格外引人注目。其中一幅是骨髓图，另一幅是血液循环图。这两幅画出自一名叫麦克劳德的小学生。麦克劳德小时候不仅顽皮，而且充满好奇心。有一天他突发奇想，想看看狗的内脏是什么样。于是，他和几个小伙伴偷了一条狗，宰杀后，开膛破肚把内脏一件件剥离，仔细观察。然而，这条狗是校长的宠物，校长发现自己心爱的小狗被打死了，非常伤心，也非常恼火，决定给予麦克劳德惩罚。

可谁都没想到校长的惩罚竟是让麦克劳德画一张狗的骨髓结构图和一张狗的血液循环图。麦克劳德自知罪责难逃，便认真地画好了两幅图，交给校长。校长看后非常满意，认为画得很好，对错误的认识较深刻，决定不再追究杀狗事件。这样的处理方法对我们颇有启发，既让学生认识到了错误，又保护了学生的好奇心，还给了学生一次学习的机会。

后来，麦克劳德成为一名著名的解剖生理学家，并和他人一起发现胰岛素可以控制糖尿病，为此他获得了 1923 年的诺贝尔生理学或医学奖。

请结合案例，分析回答以下问题。

1）校长没有采取传统的方式惩罚麦克劳德，而是因势利导进行处理，校长处理学生的思维，实质上是一种什么思维？

2）一个小学生能画出复杂的骨髓图和血液循环图，这说明什么？

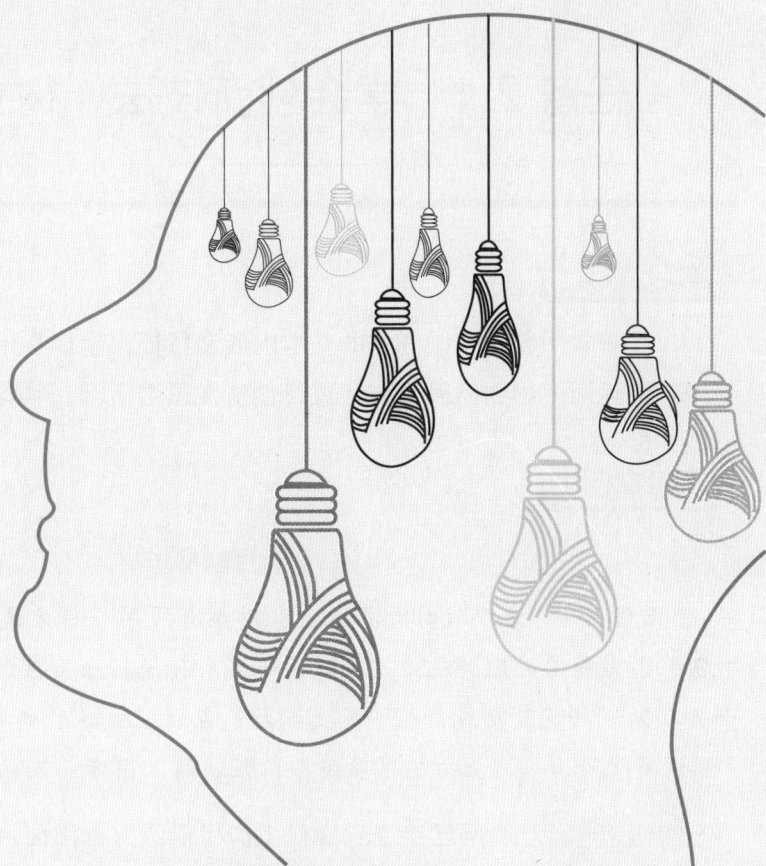

模块 2

学会创新技法，
提升创新能力

任务 2.1　学会创新技法，树立创新精神

学习目标

1. 理解常用创新思维方法的基本内涵和特征，掌握常用的创新思维技法。
2. 能运用常用创新思维方法进行创造性思维活动，具备一定的创新创造能力。

引导案例

互联网+

"互联网+"是现代社会推进产业转型升级的一种方式。那么什么是"互联网+"呢？一般最简单的理解就是"互联网+某种传统行业=某种新的商业模式或新产品"。如互联网+传统商场或店铺→网上购物；互联网+传统商业银行→网上银行；互联网+传统餐饮外卖→网上订餐送餐服务；互联网+医疗→互联网医院等。

案例思考：互联网已渗透到现代生产生活的方方面面。"互联网+"是一种什么样的创新思维方法？你还能想到哪些类似的创意？

案例启示：从创新思维的角度来看，"互联网+"实质上是将互联网思维、技术、商业模式引入传统产业，通过互联网与传统产业的有机融合，通过组合创新来优化生产要素配置，提升传统产业的生产效率，促进传统产业的升级换代。

基本知识

知识点 1　组合创新

组合是客观世界中十分普遍的现象，小至微观世界的原子、分子，大至宇宙中的天体、星系，到处都存在着形形色色的组合现象。在日常生活中，更有众多我们熟悉的组合，如组合贷款、组合音响、组合家具等，数不胜数。以组合为基础的创新方法，也成为人们经常使用的主要创新方法，也是成功率较高的方法。这里所谓的组合，就是把多种貌似不相关的事物或观念的部分或全部，通过想象加以联结，进行有机组合、变革、重组，使之变成彼此不可分割的、新颖的、有价值的整体。

组合创新就是将两个或两个以上已有的要素（事物、技术、原理、工艺、材料等）按照一定的规律或规则进行组合或重组，以获得具有统一整体功能的新产品、新材料、新工艺等的一种创新方法。

组合无处不在，巧妙的组合就是创新。在当今世界，属于首创、原创的成果很少，大多数创新成果都是采用组合创新方法取得的。在组合创新时，组合只要合理有效，就是一项成功的创新。组合创新方法的特点是以组合为核心，把看起来似乎不相关的事物，有机地结合在一起，从而产生意想不到、奇妙新颖的创新成果。组合创新的最基本要求是各组成事物之间必须按一定的规律建立某种紧密关系。就好比一堆砖头放在一起只是一堆砖，只能算作杂乱堆放的混合物。若是按照一定的规律砌起来，就能组合成一座建筑物。也就是说，不能产生有价值的新生事物的胡乱拼凑称不上组合，组合不是将研究对象进行简单的叠加，而是在分析各构成要素基本性质的基础上，选择其可取部分，使组合后所形成的整体具有优化和创新的特征。例如轮子与轿子的组合产生了轿车；轮子与舟楫的组合产生了轮船。人类的许多创新成果来源于组合，正如一位哲学家所说："组织得好的石头能成为建筑，组织得好的词汇能成为漂亮的文章，组织得好的想象和激情能成为优美的诗篇。"人类的许多创新成果来源于组合，对产品开发而言，可将产品看成若干模块的有机组合，只要按照一定的原理和逻辑规律，选择不同的模块或不同的方式进行组合，便可获得多种有价值的设计方案。

运用组合创新法时要注意以下事项。

①组合要有选择性。世界上的事物千千万万，将其不加选择地进行组合是不可取的，应该选择适当的要素进行组合，不能勉强凑合。

②组合要有实用性。通过组合能提高效益、增加功能或使用的方便性，使事物相互补充，取长补短。例如，将普通卷笔刀、盛屑盒、橡皮、小镜子组合起来的多功能卷笔刀，不仅能削铅笔，还可以盛废屑、擦掉铅笔字、照镜子，大大增加了卷笔刀的功能，实用性很强。

③组合应具创新性。通过组合要使产品内部协调，互相补充，互相适应，更加先进。组合必须具有突出的实质性特点和显著的进步，才能具备创新性。

组合的一般规律是组合体在功能上应该是 $1+1 \geq 2$；在结构上应该是 $1+1 \leq 2$。组合创新事物的功能应大于内部各组成事物、要素的单独功能之和。进行组合创新时，一般可以从以下几方面入手。

①将不同的功能组合在一起而产生新的功能。如将台灯与闹钟组合成定时台灯，将奶瓶与温度计组合成恒温奶瓶等。

②将两种不同功能的物品组合在一起，增加使用的方便性。如将收音机与录音机

组合成收录机。

③将小东西放进大东西里面，不增加其体积。如将圆珠笔放进拉杆式教鞭里形成两用教鞭。

④利用词组的组合产生新产品。如将"微型"与系列名词组合可以得到微型车、微型灯、微型电视、微型计算机……

案例 2-1-1

瑞士军刀

瑞士军刀被认为是迄今为止最经典的组合之一。其中被称为"瑞士冠军"的款式最为难得，它由大刀、小刀、木塞拔、螺丝刀、开瓶器、电线剥皮器、钻孔锥、剪刀、钩子、木锯、刮鱼鳞器、凿子、钳子、放大镜、圆珠笔等31种工具组合而成，如图2-1-1所示。携刀一把等于带了一个功能齐备的工具箱，但整件长只有9cm，重只有185g，完美得令人难以置信。正因为如此，素以选品苛严著称的美国现代艺术博物馆也收藏了一把瑞士军刀中的极品。

图 2-1-1　瑞士军刀

后来瑞士军刀的生产商在国际消费电子展上推出了一款数字版的瑞士军刀，这把军刀集成了一个32GB的U盘，并整合了指纹识别认证功能。除此之外，它还集成了蓝牙模块，在连接计算机后，用户可利用刀身上的两个按钮来控制幻灯片播放，并附带了一个演讲中常用的激光灯。当然，作为一把瑞士军刀，它依旧配备了主刀、螺丝刀、剪刀和钥匙圈等工具。

组合创新的方法有多种形式。根据参与组合要素的性质、内容、主次及手段的不同，可分为同类组合、异类组合、主体附加组合、重构组合、技术组合等多种类型。现将常用的几种组合创新方法介绍如下。

1. 同类组合创新法

同类组合也称同物组合，就是将若干相同或相近的要素进行组合。同类组合的模式是 $a+a=N$，方法很简单却很实用，将其应用于工业和生活产品的创新中，常常可以产生意想不到的效果。

同类组合的特点包括：

①参与组合的对象一般是两个或两个以上相同或相近的事物，组合后与组合前相比，参与组合的对象其基本原理和基本结构一般没有发生根本性的变化。

②同类组合实质上是在保持组合对象原有功能的前提下，通过数量的增加来弥补功能的不足或获取新的功能和意义。如多人单车、双向拉锁、多缸发动机、双层文具盒、双体船、多层蒸锅等。

在进行同类组合时，我们要多观察那些单独存在的事物，设想单独的事物成双成对之后，其功能是否能够得到更好的发挥或者带来新的功能。

案例 2-1-2

组合订书机

用订书机装订书本、文件时，常常要钉2~3个订书钉，需要按压订书机两三次。钉与纸的边距全凭肉眼定位，装订尺寸不统一，工效低。有人运用同类组合的方法，将两个相同规格的订书机设计到一起，通过控制和调节可以适应不同装订要求，每按压一次，既可以同时订出两个订书钉，也可以只订出一个订书钉，钉距还可以根据需要进行调节。这样的订书机既保证了装订质量，又提高了效率。

2. 异类组合创新法

异类组合是指将两种或两种以上的不同领域的无主次之分的事物或观念进行组合，产生有价值的新整体。异类组合的模式是 $a+b=N$。例如维生素和糖果是存在于不同领域的产品，但是将二者融合可变成"维生素糖果"。

异类组合的特点包括：

①被组合的事物来自不同的方面、领域，它们之间一般无明显的主次关系。

②组合过程中，参与组合的事物从意义、原理、构造、成分、功能等方面可以互补和相互渗透，产生 1+1>2 的价值，整体变化显著。

③异类组合实质上是一种异类求同，被组合的对象是已有的，组合的结果却是新的，以旧变新，具有较强的创新性。异类组合的基本原则是功能做加法，体形做减法，方便使用。

案例 2-1-3

坦克的发明

第一次世界大战时，有一名叫斯文顿的英国记者随军去前线采访。他亲眼看见英法联军向德军的阵地发动攻击时，牢牢守着阵地的德国士兵用密集的排枪将进攻的英法士兵成片地扫倒，斯文顿非常痛心。他清醒地看到，肉体是挡不住子弹的，冥思苦想之后，他向指挥官们建议，用铁皮将福斯特公司生产的履带式拖拉机"包装"起来，留出适当的枪眼让士兵射击，然后让士兵们乘坐它冲向敌军。他的建议很快被采纳，履带式拖拉机穿上盔甲之后径直冲向敌人，英法士兵的伤亡大大减少，德国人兵败如山倒。坦克就这样诞生了，它为英法联军战胜德军立下汗马功劳，成为第一次世界大战中最有影响的发明。显然，坦克是"履带车＋装甲车＋火炮"的异类组合。

3. 主体附加组合创新法

主体附加组合又称添加法，是指以某一特定的对象为主体，通过补充、置换或插入其他技术或增加新的附件，而得到新的有价值的整体。例如，最初的洗衣机只有搓洗功能，之后增加了喷淋、甩干装置，使洗衣机有了漂洗和烘干功能；电风扇开始也只有简单的吹风功能，后来逐渐增加了控制摇头、定时的元器件后，才成为今天的样子；手机一开始叫"大哥大"，只有通话功能，现在附加了照相、指南针等多种功能，其用途更广。

在主体附加组合中，主体事物的性能基本保持不变，附加物只是对主体起补充、完善的作用。附加物可以是已有的事物，也可以是为主体附加而设计的新事物。例如，在文化衫上印上旅游景点的标志和名字，就变成了具有纪念意义的旅游商品。主体附加组合有时非常简单，人们只要稍加动脑和动手就能实现。只要附加物选择得当，同样可以产生巨大的效益。

在运用主体附加组合时，首先要确定主体附加的目的，可以全面分析主体的缺点或欠缺之处，然后围绕这些方面提出解决方案，再通过增加附属物来达到改善主体功能的目的。其次要根据附加目的确定附加物。主体附加组合在很大程度上取决于对附加物的选择是否别开生面，是否能够使主体产生新的功能和价值，以增强其实用性和竞争力。如照相机通过附加闪光灯拓展了其使用范围；录像机通过附加遥控器增加了其使用方便性。

主体附加组合的特点包括：

①组合过程中主体不变或变化不大，即原有的主体功能和结构原理等基本保持不变。

②附加物只是起到补充完善主体功能的作用，不会导致主体功能发生大的变化。

③附加物可以是已有的事物，也可以是专门设计的新事物。

④附加物都是为主体服务的，用于弥补主体的不足。

因此，在运用主体附加组合时应该全面考虑，权衡利弊，否则就会事与愿违。例如有的文具盒由于附加物过多，不仅价格昂贵，而且容易分散学生的注意力，以致不少老师禁止学生携带布满按键机关的文具盒到学校。

案例
2-1-4

色盲可识的红绿灯

许多色盲患者分不出红色、绿色，开车多半会闯红灯，所以不允许他们考驾照。但测试发现一般轻度色盲的人，对于单一而清晰的红色和绿色，是可以分辨出来的，他们只是不能分辨那些复杂而精细的中间色调。基于此，有人在现行的纯红绿颜色的红绿灯中加入一些白色有规则形状的图形，即在红色圆形中间加入一条横着的白杠，在绿色圆形中间加入一条竖着的白杠，以此来让色盲患者进行识别，解决了红绿色盲患者无法识别普通交通信号灯的问题。

案例说明：轻度色盲患者可以感知红绿色的存在，通常他们会将单一的红色感知为暗淡的红色，将绿色感知为黄色或淡黄色。红绿色盲可以清晰地识别出白色，案例中，红绿色盲的驾驶员只要能识别出交通信号灯中的白杠是竖着的，还是横着的就可以了。

4. 重构组合创新法

重构组合简称重组，是指在同一个事物的不同层次上解构原来的事物或组合，再以新的方式重新组合起来。

重构组合创新实质上是通过对各种事物的解构和重组来催生新事物的。这种组合创新已被人们广泛运用，如传统玩具中的七巧板、积木，现在流行的乐高、变形金刚等。组合玩具之所以很受儿童欢迎，是因为不同的组合方式可以得到不同的模型。例如，由某家具公司开发设计的新型构件家具，由20多种基本板件组成，通过不同的组合能拼装出数百种款式的家具，使人们不仅可以随意改变家具的式样，还可以随意改变房间内的布局。

重构组合作为一种创新手段，可以有效地挖掘和发挥现有事物的潜力，例如企业的资产重组、生物工程中的基因重组、智能控制系统中的功能模块重组等。

在进行重构组合时，首先要分析研究对象的现有结构特点；其次要列举现有结构的缺点，考虑能否通过重组克服这些缺点；最后确定选择什么样的重组方式，包括变位重构、变形重构、模块重构等。

重构组合的特点包括：

①重构组合是在同一件事物上施行的。

②在重构组合过程中，一般不增加新的东西。

③重构组合主要是改变事物各组成部分之间的相对位置、顺序和关联关系。

5. 技术组合创新法

技术组合是指将现有的不同技术、工艺、设备等技术要素进行选择、集成和优化，形成优势互补的有机整体的动态创新过程。技术组合创新是自主创新的一个重要内容，它通过把各个已有的技术单项有机地组合起来、融会贯通，集成一种新产品或新的生产工艺。例如超声波灭菌法与激光灭菌法组合，利用"声—光效应"，几乎能杀灭水中的全部细菌；医院的常规检查手段 CT（电子计算机断层扫描）实际上就是计算机技术与 X 光扫描技术的组合。

现代科学技术突飞猛进，边缘学科不断兴起，各种科学技术呈现出一种综合化的趋势。研究表明，任何一项创新，包括根本性的重大创新，都不可能完全脱离现有的生产技术，都会尽可能多地利用已有的或成熟的技术成就。目前市场上的高新技术产品，绝大多数都是通过已有技术、工艺、方法的集成与二次应用开发实现的。

技术组合创新的特点包括：

①参与组合的技术要素一般多为已有的成熟技术。

②技术组合不是简单的技术叠加，为使不同的技术相互融通形成整体功能，通常需进行二次应用开发。

技术组合创新法可分为聚焦组合法和辐射组合法。

（1）聚焦组合法

聚焦组合法是指以待解决的问题为中心，在已有的成熟技术中广泛寻求与待解决问题相关的各种技术手段，最终形成一套或多套解决问题的综合技术方案。如图 2-1-2 所示，为提升船体建造效率，通过钢结构技术、焊接技术、成型技术、切割技术、新材料技术、防腐技术、分段拼接技术等的集成与聚焦，就可形成多种以提升船体建造效率和质量为目的的创新方案。运用聚焦组合法时要注意寻求技术手

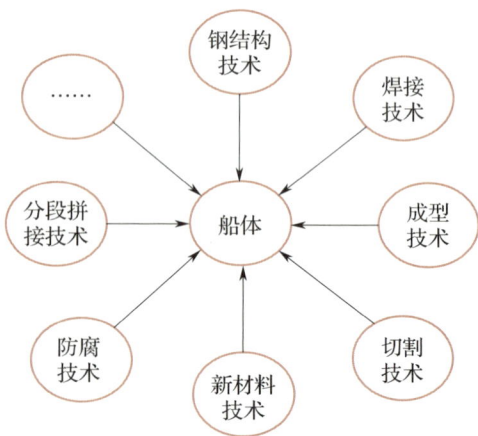

图 2-1-2　聚焦组合案例

段的广泛性，尽可能将与解决问题有关的技术手段包括在聚焦范围内，不漏掉每一种可能的选择，这样才可能组合出最佳的技术方案。

（2）辐射组合法

辐射组合法是指以一种新技术或令人感兴趣的技术为中心，同多方面的已有技术组合起来，形成技术辐射状，从而产生多种技术创新的方法。应用这种方法可使一种

新技术、新工艺或新原理形成后得以迅速而广泛地应用。如人造卫星技术研制成功后，经与各种学科技术进行辐射组合，发展了卫星电视转播、卫星通信、卫星气象预报等各种技术。以超声波技术为核心，应用辐射组合可形成多种应用（图 2-1-3 所示为其部分应用）。如今，逐渐成熟的 5G 和北斗技术也正在通过广泛寻求与其他已有技术的辐射组合，以拓展其应用领域。

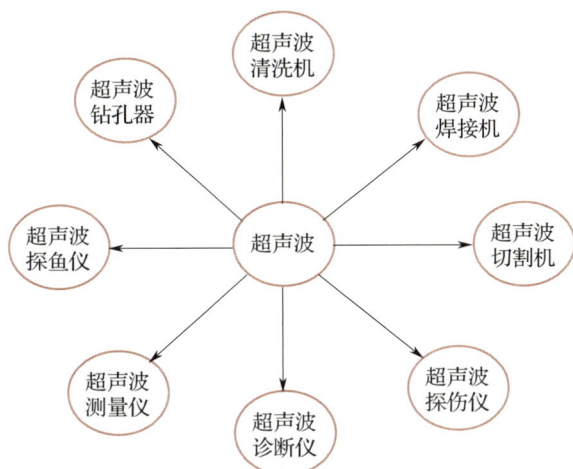

图 2-1-3　辐射组合案例

知识点 2　类比创新

类比是通过比较寻找不同事物或现象之间在一定关系上的部分相同或相似规律的过程。类比是以比较为基础的。世上万物千差万别，但并非杂乱无章，它们之间存在着不同程度的相近和类似。有的是本质类似，有的是构造类似，有的只是形态或表面类似。人们在探索未知世界的过程中，可以借此将陌生的对象与熟悉的对象、未知的对象与已知的对象进行对比。推而广之，许多在本质上不同的现象，只要它们符合某些相似的规律，往往就可以运用类比法来研究。由此物及彼物、由此类及彼类，可以启发思路、提供线索、触类旁通。正如德国哲学家康德在其《宇宙发展史概论》一书中所说的"每当理智缺乏可靠论证的思路时，类比这个方法往往能指引我们前进。"

所谓类比创新法就是从已经存在的自然物品或事实中，经演绎推理、改进拓展得到新的物品或事实的一种创新思维方法。类比创新的实质是一种确定两个或两个以上事物间同异关系的思维过程和方法，即根据一定的标准尺度，将几个彼此相关的事物加以对照，根据事物的内在相似性进行创造。类比创新法的最大优点是可使发明者利用某一事物的特征，通过已知事物与创造对象的类比推理来实现自己想要创造的目标，从而创造出新成果。

事物间的联系是普遍存在的，正是这种联系使我们的思维得以从已知引向未知，变陌生为熟悉。为此，需要借助现有的知识与经验或其他已经熟悉的事物作为桥梁，通过联想和类比，获得借鉴启迪，这就是相似联想和类比推理在创新中的非凡作用。

案例 2-1-5

谢皮罗的新发现

美国麻省理工学院谢皮罗教授在拔掉浴池的塞子放洗澡水时发现，水流出浴池时总是形成逆时针方向的漩涡。这是什么原因呢？有专家告诉他其旋向与地球自转有关。由于地球自西向东不停地旋转，导致北半球的洗澡水总是按逆时针方向流出浴池。在明白浴池水流旋向的原理后，谢皮罗教授通过类比，联想到了台风的旋向问题，并进行了类比推理，他认为北半球的台风是按逆时针方向旋转的，他还断言，如果在南半球，情况则恰恰相反。谢皮罗有关台风旋向问题的论文发表后，引起了科学家们的极大兴趣，并通过大量的观察和实验证明了谢皮罗教授的推断是正确的。

类比思维具有联想、启发、解释和模拟等多种功能。类比思维是一种或然性很大的逻辑思维方式，其创意性表现在通过类比已知事物开启创意未知事物的发明思路，隐含触类旁通的含义。类比思维具有激活想象力、启发性和提高猜想可靠度等特点。经过长期的创新实践，人们逐渐将类比创新方法按类比对象和类比方式不同进行分类整理，形成了直接类比、拟人类比、因果类比、象征类比、综合类比等多种类比创新方法。

1.直接类比法

直接类比就是从自然界已有事物中寻找与创新对象相类似的东西直接进行比较，从已知事物的变化中推导出另一种未知事物应当具有的变化规律的一种创新方法。例如要设计一种水上汽艇的控制系统，人们可以将它同汽车类比，汽车上的车灯、喇叭、制动器等控制方式皆可经适当改造后用于汽艇；有人从落地风扇的升降支脚想到了升降式篮球架，又从升降式篮球架想到了折叠式篮球架。直接类比简单、快速，可避免盲目思考，参与类比对象的本质特征越接近，创新的成功率就越高。

案例 2-1-6

听诊器的发明

听诊器是1816年由法国医师林奈克发明的。当时，林奈克为一位胸痛的病人看病，他将耳朵贴于病人的胸前，但是病人肥胖的胸部隔音效果太强了，听不到从内部传出来的声音。林奈克非常懊恼，他到公园散步时也在思考这个问题。正好看见两个小孩蹲在一条长木梁两端做游戏，一个小孩在一端轻轻地敲木梁，另一个小孩在另一端贴着耳朵听，虽然敲者用力轻，可是听者却听得极清晰，如图 2-1-4 所示。受到该游戏的启发，林奈克思路顿开，他返回医院用纸卷成圆锥筒，将宽大的锥底置于病人的胸部，耳朵贴着圆锥筒的小端倾听，他惊奇地发现可以听到病人胸腔内的声音了。

图 2-1-4　听诊器的发明

经过多次试验，林奈克分别用金属、纸、木材等材料制作成棒或筒，最终做成了长约 30cm、中空、两端各有一个喇叭形的木质听筒，使他能诊断出许多不同的胸腔疾病，他也被后人尊称为胸腔医学之父。

1840 年，英国医生乔治·菲力普·卡门对林奈克发明的单耳听筒进行了改良，将两个耳栓用两条可弯曲的橡皮管连接到可与身体接触的听筒上，听筒是一个中空镜状的圆锥。经卡门改良后的听诊器可让医生听诊静脉、动脉、心、肺、肠内部的声音。

2. 拟人类比法

拟人类比又称感情移入、角色扮演，是指创造主体将自己设想为创造对象的某个要素，并设身处地地进行想象和创造。想象当我是这个要素时，在所要求的条件下会有什么感觉或会采取什么行动。

比如，比利时某个公园，为保持园内优美整洁的环境，将垃圾箱进行了拟人化设计，当游人将废弃物扔入垃圾桶时，它会说"谢谢！"由此引发了游人的兴趣，不但乱扔垃圾的现象少了，甚至有些游人还专门捡起地上的垃圾放入桶内。再比如，在设计橘汁分离器以前，设计人员将自己想象成一个橘子里的橘汁。然后问道："我怎样才能从橘子里出来呢？"回答显然要冲破橘子皮的包围。"怎么冲破呢？"回答是："通过压榨，给我加大压力，让我有力气挤破橘子皮；通过加热或降温使橘子皮强度减弱，以便容易挤出；也可以用旋转的办法，通过离心力增加力量，冲出橘子皮。"

在机械设计中"拟人化"的构思常会收到满意的效果。如挖土机就是模拟人体手臂的动作来设计的。它的主臂如同人的上下臂，可上下弯曲，挖头如同人的手掌，可插入土中，将土抓起。机器人的设计也主要是从模拟人体动作入手的。

3. 因果类比法

两个事物的各种属性之间可能存在着同一种因果关系。因果类比法是根据已掌握的事物的因果关系与正在接受研究改进对象的因果关系之间的相同或相似之处，去寻求创新思路的一种类比方法。

比如，发明家从面包中加入发泡剂会使面包体积增大这个特征中受到启发，在合成树脂中加入发泡剂，得到了轻质、隔热性能和隔音性能均良好的泡沫塑料，又有人利用这种因果关系，在水泥中加入一种发泡剂，发明了既轻质又隔热、隔音的气泡混凝土。再比如，医药公司员工为解决牛黄供应不足的问题，集思广益，终于联想到了"人工育珠"，那些河蚌经过人工将异物放入它的体内能培育出珍珠，那么通过人工将异物放入牛胆内也应该同样能培育出牛黄来。他们设法找来一些伤残的菜牛，把一些异物埋于其胆囊里，一段时间后果然从牛的胆囊里取出了和天然牛黄近似的人工牛黄。

4. 象征类比法

象征是一种用具体事物来表示某种看不见、摸不着的抽象概念或思想感情的表现手法。象征类比法是指以事物的形象或能抽象反映问题的符号或词汇来比喻问题，间接反映或表达事物的本质，以产生创造性设想的方法。在创造性活动中，人们有时也可以赋予创造对象一定的象征性，使它们具有独特的风格。

象征类比是直觉感知的，针对待解决的问题，用具体形象的东西做类比描述，使问题形象化、立体化，为创新开拓思路。如生活中我们常用玫瑰类比爱情、绿叶类比生命力、书籍代表知识、日出代表新生、蓝色代表大海等。

象征类比在建筑设计中应用甚广。如设计纪念碑、纪念馆应赋予"宏伟""庄严"的象征格调；设计咖啡馆、音乐厅就需要赋予它们"艺术""优雅"的象征格调。例如上海金茂大厦就是融合了多重象征含义，其外形像竹笋，象征着节节攀升；像宝塔，富有民族气息；像一支笔，在蓝天描绘着未来。

5. 综合类比法

事物属性之间的关系虽然很复杂，但可以综合它们之间相似的特征进行类比。例如，在大型装备研发过程中，通常根据设计方案，建造模拟装备，通过对设备形貌、结构、功能等方面的模拟试验来检验设计方案的可行性，如飞机和航天器设计中常用的"风洞试验装置"、船舶驾驶训练中使用的"航海模拟器"和"轮机模拟器"等。

例如，空气中存在的负氧离子可使人延年益寿、消除疲劳，还可辅助治疗哮喘、支气管炎、高血压、心血管等病症。负氧离子在高山、森林、海滩湖畔等自然环境处含量较高，后来通过综合类比法，人们创造了水冲击法产生负氧离子，之后采用冲击原理，成功创造了电子冲击法，发明了空气负离子发生器。

知识点 ③ 仿生创新

人们在技术上遇到的许多问题，很难找到正确的解决方法和途径，而这些问题在生物界可能早已出现，而且在进化过程中得到了很好的解决。例如，水母能感受水声波而准确地预测风暴；老鼠能事先躲避矿井崩塌或有害气体；蝙蝠能感受到超声波；鹰眼能从 3000 米高空敏锐地发现地面上运动着的小动物；蛙眼能迅速判断目标的位置、运动方向和速度，并能选择最佳攻击姿势和时间。

简单地说，仿生就是向大自然学习，通过对自然生物的系统分析和类比启发，产生新的创意和发明创造，它是模仿生物的特殊生存本领的一门学问。而仿生创新则是在社会及市场需求的指引下，通过观察、研究和模拟自然界生物的结构、原理、行为、各种器官功能等，从而为技术发明、产品设计提供新的思想、原理和系统架构，产生有用的新技术、新产品与新方法，并能产生实际社会经济效益的创新思维方法。

自然界无数生物的形体结构、外表特征以及它们的生存方式、肢体语言、声音特征、平衡能力、器官功能和工作原理等，会给人类传递出无穷的信息，启发人类的智慧和创造力。例如，人们模仿变色龙的变色逃生机制研制出了军事伪装设备；模仿蜻蜓与蜂鸟创新了运载工具的自动控制与导航系统；模仿莲花"出淤泥而不染"的特性发明了新型防水涂料；模仿蝙蝠的回音定位原理研制出了雷达装置；模仿壁虎可以吊在天花板上的技能研发出了一种超强黏性的胶带等。每当发现一种生物奥秘，它就有可能成为一种新的设计理念，也可能由此诞生一种新产品。

案例 2-1-7

被禁用的鲨鱼皮泳衣

美国游泳运动员菲尔普斯在 2008 年北京奥运会上轻松夺得 8 枚奥运金牌，一举打破 7 项世界纪录。除了与生俱来的天赋和坚持刻苦的训练外，菲尔普斯的 8 金神话也离不开游泳高科技——speedo 第四代鲨鱼皮泳衣的帮助。不过，在一年后的罗马世锦赛上，他"爆冷"输给德国运动员保罗·比德尔曼，遭遇 4 年来第一次世界大赛的失利，而失败的原因只是因为比德尔曼穿了更为先进的高科技泳衣。为了让游泳比赛抛弃高科技回归本质，最终国际泳联决定禁用鲨鱼皮泳衣。那么鲨鱼皮泳衣究竟为何如此强大呢？

鲨鱼皮泳衣的核心技术在于模仿鲨鱼的皮肤。生物学家发现，鲨鱼皮肤表面粗糙的 V 形皱褶可以大大减少水流的摩擦力，使身体周围的水流更高效地流过，鲨鱼得以快速游动。鲨鱼皮泳衣的超伸展纤维表面便是完全仿造鲨鱼皮肤表面制成的。此外，这款泳衣还充分融合了仿生学原理：在接缝处模仿人类的肌腱，为运动员向后划水时提供动力；在布料上模仿人类的皮肤，富有弹性。实验表明，鲨鱼皮泳衣的纤维可以减少 3% 水的阻力，这在 1% 秒就能决定胜负的游泳比赛中有着重大意义。

仿生创新的方法按生物类别可分为植物仿生、动物仿生、人类仿生等；按仿生原理不同可分为形态仿生、结构仿生、功能仿生等；按学科门类不同可分为信息仿生、控制仿生、力学仿生、化学仿生、医学仿生、生物仿生等。下面介绍几种常用的仿生创新方法。

1. 植物仿生创新

植物仿生创新就是通过模仿植物的内部结构、生长特性和特殊性能等进行创新。例如依照向日葵的生长特性，美国人发明了由单电动机驱动的跟踪系统，让太阳能面板随太阳的位置而转动，大大提高了太阳能电池的发电量；德国人根据"莲花效应"（清洁功能）发明了用于建筑外墙的自清洁涂料；鲁班根据茅草叶子边缘割破手的现象发明了最早的木工用锯子。

案例 2-1-8

尼龙搭扣的发明

瑞士发明家乔治·梅斯特拉休闲的时候喜欢到远郊打猎，可每次打猎回来他的裤腿和衣物上都沾满了草籽，即使用刷子清洁也很难刷干净，非得一粒一粒把它们摘下来才行。这一现象引发了他的好奇，他把摘下来的草籽用放大镜进行仔细观察，发现草籽上有许多小钩子，正是这些小钩子牢牢地钩住了他的衣物。是否可以用许多带小钩子的布带来代替衣物上的纽扣或拉链呢？经过多次试验和研究，他制造了一条布满尼龙小钩的带子和一条布满密密麻麻尼龙小环的带子。两条带子相对贴合时，小钩恰好钩住小环，牢牢地固定在一起，必要时再把它们拉开，这就是被称为魔钩的尼龙搭扣，如图 2-1-5 所示。

图 2-1-5 尼龙搭扣

2. 动物仿生创新

动物仿生创新就是通过模仿动物的生理构成和特性进行创新。自然界的各种动物为了生存的需要，在不断的进化过程中大都具有独特的生理构成或生理功能。例如生物学家通过对蜘蛛丝的研究，发明了用于制造抗撕裂降落伞和临时吊桥用的高强度缆索的高级丝线；船和艇来自人们对鱼类和海豚的模仿；火箭升空利用的是水母、墨鱼的反冲原理；科学家通过研究青蛙的眼睛，发明了电子蛙眼。

3. 人类仿生创新

人类仿生创新就是通过模仿人体的结构、器官及其功能进行创新。例如模仿人的双臂动作开发了机械手、挖掘机等。

人类思维的机理至今仍是个未解之谜，还远未被人类认识清楚，模仿人的智慧设计出具有思维能力的计算机，始终是科学家不懈努力追求的目标。随着"中国制造"向"中国智造"的转变，依托云平台、物联网、大数据、人工智能等现代信息技术的智能装备、智能制造，将成为中国工业未来的技术发展方向，各种替代人工制造的模仿人类动作、思维、逻辑、心理、语言、机能的智能化产品和系统等将不断涌现，人类仿生创新技术将得到快速发展。

4. 形态仿生创新

形态仿生创新就是通过研究生物体的外部形态及其象征寓意，模仿其形态进行创新设计的思维方法。例如模仿鸟巢设计出了北京奥运会主体育馆建筑结构；模仿猫和老虎的爪子设计出奔跑中可以急停的钉子鞋；模仿袋鼠起跑的动作发明了短跑用的助跑器；从风、云、雨、雪等自然现象的形态到象形文字、园艺景观等，都是根据动植物的外部形态及其寓意进行创新的成果，形态仿生的案例在日常生活中比比皆是。

5. 结构仿生创新

结构仿生创新就是通过研究生物肌体的构造，模仿动植物的结构进行仿生创新，通过结构相似实现功能相近。例如屋顶瓦楞模仿的是动物的鳞甲；船桨模仿的是鱼的鳍手。人体承重和运动的骨骼，其截面上密实的骨质分布在四周，而柔软的骨髓充满内腔，在建筑结构中常被采用的空心楼板、折板结构、空间薄壁结构等都是根据骨骼的结构原理得来的。

案例 2-1-9

从蜂巢到新型节能环保材料

蜂巢由一个个排列整齐的六棱柱形小蜂房组成，每个小蜂房的底部由三个相同的菱形组成，这种多墙面的排列和一系列连续的蜂窝形网状结构可以分散承担来自各方的外力，使得蜂窝结构对压力的抵抗能力比任何圆形或正方形要高得多，这些结构与近代数学家精确计算出来的菱形钝角和锐角完全相同，是最节省材料的结构，且容量大、极坚固，令许多专家赞叹不已。对蜂窝结构的研究让我们知道即使是非常纤薄的材料，只要把它制成蜂窝形状，就能够承受很大的压力。人们仿照其构造，用各种材料制成蜂巢式夹层结构板，强度大、重量轻、不易传导声音和热量，成为建筑及制造航天飞机、宇宙飞船、人造卫星等的理想材料。

知识点 ④ 逆向思维创新

逆向思维就是将事物的基本规律或发展顺序等有意识地颠倒过来，通过逆向思考，产生新的原理、方法、认识和成果的创新思维方法。简单地说，逆向思维就是倒过来想问题，从相反的角度考虑问题。

例如，温度变化会导致热胀冷缩，反过来利用液体热胀冷缩现象，就可以测量温度，伽利略正是基于此而发明了温度计；声音引起振动，反过来振动也能发声，爱迪生基于此原理发明了留声机；酒精燃烧各种金属盐时，灯焰会呈现不同的颜色，分析其光谱，可测出元素的含量，德国化学家本生与德国物理学家基尔霍夫基于此发明了光谱分析仪。

唯物辩证法中的对立统一规律告诉我们，自然界、人类社会和人类思维等领域的任何事物都包含着阴阳、黑白、苦乐、快慢等内在的矛盾性，它是推动事物发展变化的根本动力。既然万物均存在对立面，所以逆向思维时时可用，它体现的是创造者对自然规律的深入领悟及对创造意识的有力凝聚。

1. 逆向思维创新的原理

根据逆向思维的对象不同，逆向思维创新的原理可分为以下几种。

（1）原理逆向

将事物的基本原理，如机电设备的工作原理、自然现象的基本规律、事物发展变化的顺序等有意识地颠倒过来，往往会产生新的原理、新的方法、新的认识和新的成果，进而实现创新，这便是原理逆向。当然，原理逆向之后也不一定能成功，要理性地分析和利用。原理逆向告诉我们，至少可从三个方面进行逆向思维创新。①考虑与已知过程相反的过程，例如水总从高处往低处流，这是自然现象的基本规律，那么，能否让水反过来从低处流向高处呢？ 于是人们发明了水泵，通过水泵给水加压使水自低处流向高处。②思考与已知条件相反条件下的状况，如制冷与制热、电动机与发电机等。③构思事物反作用的结果，如压缩机与鼓风机等。

（2）属性逆向

许多事物属性是彼此对立的，如软与硬、大与小、干与湿、曲与直、柔与刚、空心与实心等。所谓属性逆向，就是有意地用与某一属性相反的属性去尝试取代已有的属性，即逆向已有的属性，从而进行创新活动。要想很好地利用属性逆向原理，关键是要抓住能满足我们新的需要的主体属性，然后对主体属性进行反向求索。如果没有抓住这些主体属性，就很难利用该原理获得有分量的发明创新成果。如现代洗衣机的脱水缸的转轴是软的，洗衣机不工作时用手轻轻一推，脱水缸就会东倒西歪。但在洗衣机工作时，脱水缸在高速旋转时却非常平稳，脱水效果很好。在洗衣机设计阶段，脱水缸最初采用的是硬轴，但脱水缸高速旋转时会产生剧烈的抖动和噪声，为此工程师们想了许多办法，在加粗转轴无效后，又采取了加硬转轴的办法，但仍然无效。最后利用逆向思维，弃硬就软，用软轴代替了硬轴，成功地解决了脱水缸的抖动和噪声两大问题。

（3）方向逆向

完全颠倒现有事物的构成顺序、排列位置或安装方向、操纵方向、旋转方向以及完全颠倒处理问题的方法等，都属于方向逆向原理范围。例如逆转电风扇的安装方向可使电风扇变成换气扇；在烟盒中上下反装过滤嘴香烟，不但取烟方便，而且很卫生。

（4）行为逆向

行为逆向是指活动主体一改常规的行为方式、行为习惯，而采用一种与先前的行为完全相反的方式来处理问题。以前人们上楼是楼梯不动，人在动；但有人想到，能否人不动，让楼梯移动呢？这就产生了自动扶梯。类似的例子还有生产流水线、跑步机等。

2. 逆向思维创新的方式

按逆向思维方式的不同，逆向思维创新可分为反转型、转换型、反序型和补缺型四种。

（1）反转型逆向思维创新

反转型逆向思维是指从已知事物的相反方向进行思考，产生发明构思的途径。"事物的相反方向"常常可从事物的功能、结构、因果关系等三个方面做反向思考。

1）功能反转型逆向思维。功能反转是指在实现同样的功能或达到同样的目标的前提条件下，反向考虑实现目标的手段和路径，往往会起到事半功倍的效果。例如，在传统的动物园内，无精打采的动物被关在笼子里让人参观，有人反过来想，将人关在活动的"笼子"里（汽车内），不是可以更真实地欣赏大自然中动物的状态吗？于是野生动物园应运而生。

案例 2-1-10

司马光砸缸救人

司马光7岁的时候，常跟小朋友们在花园里玩儿。花园里有一座假山，假山旁边有一口大水缸，有一次，有个小朋友在假山上玩儿，不小心掉到大水缸里。小朋友们都慌了，有的叫着喊着跑了，有的跑去找大人。司马光没有跑，他找来一块石头，使劲砸那口水缸，几下就把缸砸破了，缸里的水流出来，掉在缸的小朋友得救了。

司马光在缸大、水深、人小、救人困难的情况下，他急中生智，采用逆向思维，不是直接拉人出水，而是砸缸放水救人，尽管"拉人出水"和"砸缸放水"的路径相反，但却达到了避免小孩溺水的相同功效。

2）结构反转型逆向思维。结构反转就是从已有事物的相反结构形式去设想新的技术发明和解决问题。在机电设备的结构设计中，为解决某些特殊问题，打破传统的结构设计，采取与原来相反的设计思路，有时可获得意想不到的效果。比如，传统雨伞的设计主要是由外向内打开，但在使用过程中，如收伞时容易卡在车门处，造成淋雨和弄湿车内的问题。此外，湿漉漉的伞面容易打湿衣裤，搁置时雨水顺流又会弄湿地板。为了解决这些问题，设计师们采用了逆向思维，设计出了反向伞。这种伞的打开和合上方向与常规雨伞完全相反，使得雨伞在雨中像盛开的花朵一样绽放，合理解决了传统雨伞湿车又湿人的问题。

3）因果反转型逆向思维。自然界中的许多现象是有因果联系的，一种自然现象可以是另一种自然现象发生的原因，而在另一个自然过程中这种因果关系可能会颠倒。因果反转就是将原因和结果相反转，即由果索因。例如数学运算中从结果倒推验算，以检查运算是否正确。

（2）转换型逆向思维创新

转换型逆向思维是指在研究问题时，当解决问题的某种手段或思路受阻时，通过转换手段或转换思考角度，以使问题顺利解决的思维方法。通常所说的换位思考，站在对方的角度考虑问题，就是转换型逆向思维的典型例子。

转换型逆向思维也包括思想观念、观察事物角度的转换。正如一位摄影爱好者所说：他们去遥远的山区采风，有人拍摄并加工了一组名曰"苦难岁月"的照片，也有人在随后举办的个人摄影展上展示了相似的照片，但被叫作"世外桃源"。人生的许多苦乐，不在于你的处境，而在于你看境遇的角度。

（3）反序型逆向思维创新

人们在长期的生活或生产实践中，对解决某些问题的过程及过程中各种因素的先后和位置顺序形成了固定的认识。根据逆向创新的原理，有时将人们普遍接受的事物或事物中要素之间的相对位置关系颠倒，可收到意想不到的效果，这就是反序型逆向思维创新法。

案例 2-1-11

小处不可随便

于右任是我国近现代教育家、书法家、诗人，当时许多人都以得到他的片纸只字为荣。有一天，于右任发现他家后院外经常有人小便。于是便从自己的书房里随意找出一张宣纸，写上"不可随处小便"，贴在他家的院墙上以警示路人。但不一会儿，告示便不翼而飞。原来有人拿去经过剪裁、调整，装裱成"小处不可随便"的一帧条幅。于右任得知后惊讶不已，拍案叫绝。原来难登大雅之堂的六个字，经过重新组合后，竟然变成浑然一体、天衣无缝的警世格言。

（4）补缺型逆向思维创新

补缺型逆向思维创新是一种利用事物的缺点，将缺点变为可利用的东西，化被动为主动，化不利为有利的创新思维方法。该方法并不以克服事物的缺点为目的，相反，它是将缺点化弊为利，找到解决办法。如金属因腐蚀而生锈是不好的，但人们可利用金属腐蚀原理进行金属粉末的生产或进行电镀等。

再比如，某时装店的经理不小心将一条高档呢裙烧了一个洞，其身价一落千丈。经理不想用织补法来蒙混过关、欺骗顾客，而突发奇想，干脆在小洞的周围又挖了许多小洞，并精心修饰，将其命名为"凤尾裙"。无跟袜的诞生与"凤尾裙"异曲同工。因为袜跟容易破，一破就毁了一双袜子，商家运用逆向思维，试制成功无跟袜，创造了非常好的商机。

知识点 ❺ 系统思维创新

系统是由相互联系、相互作用的两个或两个以上的要素组成的，具有特定功能和运动规律的整体。系统的整体不等于其组成要素的简单相加。

系统思维就是将创新对象作为系统，从系统整体出发，着眼于系统与要素、要素与要素、系统与环境的相互联系、相互作用，综合地考察创新对象，以期获得系统目标最优化的一种科学思维方式。系统思维是实现开拓创新的最佳手段和有效方式，能为我们提供符合科学发展观的现代科学创新方法。

系统思维方式主要具有整体性、结构性、立体性、动态性、综合性等特征。

（1）整体性

系统思维方式通常将整体作为认知的出发点和归宿，通过对系统要素的分析，再回到系统综合的出发点。这是因为思维的逻辑进程通常是在对整体情况充分理解和把握的基础上提出整体目标，然后提出满足和实现整体目标的条件，再提出能够创造这些条件的各种可供选择的方案，最后选择最优方案来实现。在这个过程中，整体目标的提出是从整体出发进行综合的产物；条件的提出是在整体目标统领下，分析系统各要素及其相互关系而形成的；方案的提出和优选，是在系统分析的基础上重新进行系统综合的结果。

例如，要解决城市交通拥堵问题，就要把城市交通拥堵问题作为一个由若干要素构成的系统来考察，不仅要考察系统内部车辆、客流量、道路等要素，还要考察车辆的运行情况。同时，还要把城市交通系统纳入城市市政建设的大系统中去考察。只有从市政建设的整体角度去考察解决城市交通拥堵这个子系统问题，才是解决问题的根本有效的方法。

（2）结构性

系统思维的结构性强调从系统的结构去认识系统的整体功能，并从中寻找系统的最优结构，进而获得最佳的系统功能。系统结构是与系统功能紧密相关的，结构是系统功能的内部表征，功能是系统结构的外部表现。系统的结构决定系统的功能，在系统要素一定的前提下，有什么样的结构就有什么样的功能。

系统思维的结构性要求人们在具体创新实践活动中，要将创新对象作为一个系统来看待，并紧紧抓住系统结构这一中间环节，去认识和把握创新实践活动中各种系统的要素和功能的关系，在要素不变的情况下，努力优化结构，实现系统最佳功能。例如，我国现行的供给侧结构改革的目的是调整经济结构，实现劳动力、土地、资本等生产要素的最优配置，以提高经济增长的质量和数量。

从系统要素和结构对功能的作用来看，系统要素是系统功能的基础，而系统结构是从要素到功能的必需的中间环节，在相同的要素前提下，系统结构的好坏对功能起着决定性作用。系统要素在数量上不齐全和在质量上有缺陷，在一定条件下可以通过系统结构的优化得到弥补，而不影响系统的功能，这就是系统要素和结构关系的容差效应。

系统思维方式的结构性告诉我们，在考察要素和结构与功能的关系时，必须把思维指向的重点放在结构上；在系统结构优化时，要着眼于对整个系统起控制作用的中心要素，将其作为结构的支撑点，形成结构中心网络，在此基础上，再考察中心要素与其他要素的联系，形成系统的优化结构。

（3）立体性

系统都是纵向和横向的有机统一。一个复杂的系统一般都是由若干个子系统构成的，但它同时又可能是另一个更大系统中的子系统。作为一个独立的系统，它的发展是纵向的；作为一个子系统，它与其他子系统之间的联系是横向的。

系统思维是一种开放型的立体思维，就是指创造主体在认识创造客体时要注意纵向层次和横向要素的有机耦合，时间和空间的辩证统一，在思维中把握研究对象的立体层次、立体结构和总体功能。立体思维是时空一体思维，是纵横辩证综合思维，即研究系统运动的空间位置时，要考虑其时间关系；而在研究系统运动的时间关系时，要考察其空间位置。在立体思维中，纵向思维和横向思维不再是各自独立的两种思维形式，而是形成一种互为基础、互相补充的有机统一。

纵向思维以横向思维为基础，要在横向比较中进行纵向思维，且只有经过横向比较之后才能准确地确定纵向思维目标。例如在新产品开发上，要先进行市场调查，通过市场需求、供求关系、技术状态、性能特点等的横向比较，才能准确地选定新产品的纵向思维目标。

横向思维的优点就在于，把事物置于普遍联系和相互作用之中，通过与其他事物的比较，能使思维横向扩展，跳出自己的小圈子，进而认识事物运动的特点和规律。但横向思维必须以纵向思维为基础，有效的横向思维必须以对事物的纵向深刻认识为前提。横向思维属于多向思维，在具体的思维过程中，思维指向是有限的。思维主体总是根据思维目标的需要，来确定一些主要的思维指向，究竟确定哪些思维指向，要受制于纵向思维的深度。主体纵向思维越深刻，越能准确地选定横向比较的目标和范围。例如要进行某类产品优选时，通常会在高品质的同类产品中进行比较和评选，我们只有对该类产品有深刻认识，才能确定参加评选的产品，再通过横向比较进行优选。

（4）动态性

任何系统都有自身的生成、发展和灭亡的过程。系统内部诸要素之间的联系及系统与外部环境之间的联系都不是静态的，都会随时间不断地发展变化。这种变化主要表现在两个方面：

1）系统内部诸要素的结构及其分布位置不是固定不变的，而是随时间不断变化的。

2）任何系统都处于一定的环境中，总是与周围环境进行物质、能量、信息的交换活动。

因此，系统不是静止的，而是不断发展变化的，是动态发展的。思维要从静态进入动态，就必须正确认识和对待系统的稳定结构，使系统的演化不断地从无序走向有序。系统的有序和无序是衡量系统结构是否稳定的标志。

一般说来，如果系统是有序的，系统结构就是稳定的；反之，系统结构则是不稳定的。人们既可以根据自己的需要和价值取向，创造条件打破系统的有序结构，使之成为向新的有序结构过渡的无序状态，也可以创造条件消除对系统的各种干扰，使系统处于有序状态，保持系统的稳定。关键是要把握系统演化过程中的控制项，控制项不仅能够破坏系统的旧稳定结构，而且还能使其过渡到新的系统结构。只有正确地把握控制项，才能使系统向演化目标方向发展。通常，控制项是多样的，又是可变的，这就要求我们要从多方面寻找解决问题的办法，找出最佳控制项，而且还要随着系统的演化，不断地选择最佳控制项。

（5）综合性

系统思维的综合性表现为任何系统都是由若干要素为实现特定功能目标而构成的综合体，对任何系统的研究，都必须对它的要素、层次、结构、功能、内外联系方式等做全面的综合考察，才能从多侧面、多因果、多功能、多效益上把握系统整体。

系统思维的综合性不是机械的或线性的综合，是从"整体等于部分相加之和"上升到"整体大于部分相加之和"的综合。系统思维的综合性，要求我们要从系统内外纵横交错的各个方面的关系和联系出发，从整体上综合地把握对象；要从传统的"分析—综合"的单向思维转向"综合—分析—综合"的存在反馈的双向思维。双向思维要求从系统整体出发，其逻辑起点是综合，把综合贯穿于思维过程始终，在综合的统领下进行分析，再通过逐级综合而达到总体综合。要摒弃孤立的、静止的分析习惯，使分析和综合相互渗透，同步推进，这样才能站在全局的高度上，系统、综合地考察事物，着眼于全局来认识和处理各种矛盾问题，达到最佳化的系统目标。

案例 2-1-12

丁谓修复皇宫

宋真宗在位的大中祥符年间，开封城皇宫失火，一夜之间大片的宫室楼台殿阁亭榭变成了废墟。右谏大夫、权三司使丁谓受命主持修缮工程。丁谓考虑到从皇宫到城外取土距离太远，费工费力。于是下令将城中街道挖开取土，取土后的街道变成了大沟，丁谓又令人挖开官堤，引汴水进入大沟之中，然后调来各地的竹筏木船运来大批建造皇宫所需的木材和石料，最后等到材料运输任务完成之后，再把沟中的水排掉，把工地上的垃圾填入沟内，使深沟重新变为大街。按照这个施工方案，不仅节约了大量的时间和经费，而且使工地施工秩序井然，城内的交通和生活秩序并未受到施工太大的影响。

丁谓在皇宫修复工程的建设施工中，运用系统思维方法，采取了系统化的整体解决方案，将取土烧砖、运输建筑材料和处理废墟垃圾三项繁重的工程任务协调起来，在总体上得到了最佳解决，一举三得，节省了大量劳力、费用和时间。

能力训练

训练1 组合创新

1. 训练情境

（1）同类组合实践

请同学们观察、寻找在我们周围哪些事物是单独的或处于单独使用的状态。选取5种单独事物并写出来。通过分组讨论，将这些原来单独存在或单独使用的事物进行自组，分析进行同类组合后能否产生新的功能或有新的价值。

（2）主体附加组合创新实践

给出类似于台历、水杯、桌子、手机、手表等不同事物。通过分组讨论，在保留这些事物主体功能不变的情况下，加上其他附加物，提出新的组合创新产品。

2. 训练要求

要求通过组合形成的创新思维产品科学合理，具有一定的新颖性、实用性、可生产性、市场可接受性和经济性，并分析所提出的组合创新产品在功能、价值、使用、结构等方面的创新点。

3. 训练过程

同类组合时，首先应合理选择独立存在的对象，再充分考虑同物自组能否实现，怎样实现，自组后能否产生新的功能和价值。

主体附加组合时，首先应有目的、有选择地确定主体，再全面分析主体的缺点，思考能否在不变或略变主体的结构或功能的前提下，通过增加附属物克服或弥补主体的缺陷，最后再思考附加物的附加方式、分析组合体的功能和价值；也可分析能否利用或借助主体的某种功能，附加一些别的东西使其发挥更大的作用等。

4. 训练成果

组合创新的训练过程及其成果请填入表2-1-1。

表 2-1-1　组合创新的训练过程及其成果

班级		小组成员		
序号	选取 5 种事物	进行组合	选择分析	新的功能与价值分析
1				
2				
3				
4				
5				

训练 2　创新创业经典案例剖析

1. 训练情境

蒙牛乳业初创时的短板是无市场、无工厂、无奶源，长板是人才。

按照一般创办企业的思路，首先要建厂房、进设备、生产产品，然后打广告、做促销，产品才会逐渐有知名度，才能有市场。但蒙牛反其道而行之，提出"先建市场，再建工厂"的思路，把有限的资金集中用于市场营销推广之中，然后把全国的牛奶工厂变成自己的加工车间。

1999 年蒙牛在呼和浩特利用广告牌做广告"向伊利学习，为民族工业争气，争创内蒙古乳业第二品牌"。蒙牛表面上似乎为伊利做了广告，实际上默默无闻的蒙牛借伊利大企业的"势"，出了自己的"名"。

蒙牛与伊利是中国乳品行业中的领军者，目标市场相同，产品类似，是最为直接的竞争对手。创业初期，蒙牛在应对伊利的竞争时，在价格策略上采取竞争性定价策略，即"贵一角"：蒙牛的价格永远比伊利的贵一角。这种竞争性定价策略有效抵制了伊利的价格战。针对高端奶品，蒙牛不仅不降价，还逆向涨价。例如 2006 年，蒙牛在乳制品行业一路降价的行业走势中提高特仑苏牛奶的价格，涨幅达到 16%。蒙牛不打算在价格策略上打价格战，而是希望通过产品的高质量和差异化赢得消费者的青睐。

2. 训练要求

根据上述情景资料，在蒙牛乳业初创期间，遇到了无市场、无工厂、无奶源、无人才等问题，请认真对案例进行分析，并进一步查阅相关咨料，剖析牛某是如何创造性地解决创业时所面临的问题的，从中自己受到了什么启发。

3. 训练过程

以小组（每组 3~5 人）为单位，先分析蒙牛初创期间在工厂建设、奶源寻找、人才需求、市场宣传、价格竞争等方面遇到了哪些问题，再分析蒙牛解决问题的方式，总结出采取了什么创新思维方法，提出其他不同的解决问题的意见建议，最后总结小组的学习体会。要求问题分析准确、创新思维方法理解正确、提出的解决问题的思路科学合理。

4. 训练成果

案例剖析的训练过程及其成果请填入表 2-1-2。

表 2-1-2　案例剖析的训练过程及其成果

班级		小组成员	
环节	面临的问题	解决问题的方式	所运用的创新思维方法
工厂建设			
奶源寻求			
人才需求			
市场宣传			
价格竞争			
其他意见建议			
小组总结			

拓展训练

拓展训练1：扫描二维码，在线完成20道理论知识训练题。

拓展训练2：创新案例分析。

人们根据蛙眼的视觉原理，已成功研制出一种电子蛙眼。这种电子蛙眼能像真的蛙眼那样，准确无误地识别出特定形状的物体。把电子蛙眼装入雷达系统后，雷达的抗干扰能力大大提高，这种雷达系统能快速而准确地识别出特定形状的飞机、舰船和导弹等，特别是能够区别真假导弹，防止以假乱真。

训练题2.1

根据上述内容，请问电子蛙眼采用了何种仿生创新法？请设想一下，电子蛙眼在交通领域可能有哪些应用？你还能想到什么发明创意？

拓展训练3：自我训练。

随着通信技术及互联网技术的突飞猛进，伴随而来的众多高科技产品进入我们的生活。高科技产品给我们带来了很多便利，也有些意想不到的改变。有数据表明，随着手机越来越智能，大家使用手机的时间越来越长，甚至替代了相机、电视、音响、电脑等功能，请思考未来手机还可以开发什么样的功能和作用以满足人们哪些方面的需求呢？

任务 2.2　学会创新发明，促进成果转化

1. 理解创新成果的概念和特征，了解创新成果的分类和特点。
2. 熟悉各类专利取得的途径和方法，具备创新发明及撰写专利申报书的能力。

比亚迪汽车的知识产权战略

比亚迪发布的 2023 年社会责任报告显示，比亚迪 2023 年销售新能源汽车超 302 万台，同比增长超 60%，蝉联全球新能源汽车销量第一。比亚迪汽车的成功离不开其对科技创新的重视和对专利成果的严格保护。比亚迪秉承"技术创新改变世界，知识产权竞争未来"的理念，制定知识产权战略，目前已完成"数量倍增""质量提升""专利布局"三个阶段的知识产权工作，实现了知识产权数量原始积累、专利质量提升以及关联专利组合的知识产权保护。截至 2023 年 12 月 31 日，比亚迪累计申请中国专利 37869 件（其中发明专利 18053 件，实用新型专利 16677 件，外观设计专利 3139 件）；累计申请境外专利 10192 件。中国累计授权 26201 件，2023 年中国授权新增 3207 件；境外累计授权 4597 件，2023 年境外授权新增 543 件。

案例思考：比亚迪一直在新能源汽车领域持续创新，并通过各种方式方法保护自己的创新成果，这说明了什么问题？给我们带来了什么样的启示？

案例启示：在任何领域，只有不断创新，才能保持自己的领先地位，满足不断更新变化的消费者需求。比亚迪的成功，离不开其在电池技术、智能车身控制技术及自动驾驶技术等方面的持续研发创新。比亚迪数以万计的专利成果启示我们，在创新过程中，要注重知识产权的保护，要保护好自己的创新成果，同时也要尊重他人的创新成果。

《知识产权强国建设纲要（2021—2035 年）》明确指出，要深入实施知识产权强国战略，加快建设知识产权强国，全面提升我国知识产权综合实力，大力激发全社会创新活力，建设中国特色、世界水平的知识产权强国。

知识点 1 何谓创新成果

创新成果是指一个人、团队或组织在某个领域或行业中所实现的新颖、独特或具有重要价值的成就或结果。这些成果可能是新的产品、服务、技术、方法、流程、理论或思想等，对于该领域或社会都具有一定的创新性和影响力。

通常创新成果具有以下特征。

（1）新颖性

创新成果必须是前所未有的，是对现有成果的突破，具有鲜明的创新性。

（2）时效性

创新成果随着时间的推移，可能会因为技术进步、市场需求变化等因素而失去其优势，因此创新成果需要不断地更新和改进。

（3）价值性

创新成果必须满足人类社会的一定需求，能够带来实际的经济效益和社会效益，对社会进步和人类发展具有积极的推动作用。

（4）高风险、高回报性

创新活动具有很大的不确定性，创新成果能否收到预期效果具有很大的风险，但一旦成功，就会带来巨大的回报。

根据不同的标准，创新成果有不同的分类方法，例如根据创新领域的不同可以分为产品创新、服务创新、技术创新等；根据创新程度的不同可以分为渐进性创新和颠覆性创新。

创新成果是发明创新者经过很长时间的艰苦努力，甚至是花费大量的人力、物力、财力后，才能取得的成果，是发明创新者劳动和智慧的结晶。因此，如果不能采取有效的措施加以保护而任人使用的话，将会极大地挫伤其创新发明的积极性。

知识点 2 何谓知识产权

知识产权是指公民、法人或其他组织在科学技术或文化艺术领域，对其创造性智力成果所享有的专有权利。这些智力成果可以是发明、实用新型、外观设计、商标、作品、地理标志、商业秘密、集成电路布图设计、植物新品种等。

为了保护知识产权，许多国家都制定了相关的法律法规，这些法律为知识产权的创造、使用、转让和保护提供了保障。此外，一些国际组织，如世界知识产权组织

（WIPO），也致力于促进知识产权的保护和利用。

通常，知识产权具有以下主要特点。

（1）法定性

知识产权必须按照法律规定的程序才能产生、取得、行使并获得保护，任何行政法规、司法解释等均不得创设新的知识产权权利类型。

（2）无形性

知识产权的客体是智力成果，在客观上是无法被人们实际占有和控制的无形资产，这是知识产权最根本的特征之一。虽然智力成果需要通过一定的载体予以展现，但知识产权所保护的并非载体本身，而是其所体现出的技术、表达、商誉等。

（3）专有性

知识产权为权利人所专有，知识产权权利人的权利具有绝对性，即未经法律规定或者未经权利人许可，任何人不得使用权利人的创造性智力成果，同一项智力成果不允许两个或两个以上同一属性的知识产权同时存在。

（4）时间性

知识产权通常都有法定的保护期限，一旦保护期满，权利即自行终止。

（5）地域性

除非有国际条约、双边或多边协定的特别规定，否则知识产权的效力只限于本国境内，即一国只保护根据本国知识产权法产生的知识产权，而不保护依他国法产生的知识产权。

案例 2-2-1

大学生知识产权保护

小李是一位热衷于发明和创新的大学生。他在学习机械工程专业的时候，发明了一种新型的自行车锁，这种锁采用了先进的机械原理，比传统的自行车锁更为安全和便捷。小李非常清楚知识产权的重要性，因此在设计之初，他就开始考虑如何保护自己的发明。他首先在学校的知识产权保护中心进行了咨询，了解了专利的申请流程和保护范围。在得到专业人员的指导后，他决定申请专利，以保护自己的创新成果。

在专利申请的过程中，小李遇到了不少困难。他需要详细描述自己的发明，提供技术图纸和说明，还要证明自己的发明是独一无二的。因此，他不断地完善自己的申请材料，同时也在学校的知识产权保护中心得到了很多帮助和支持。最终小李的专利申请成功了，他的自行车锁获得了专利保护，这也意味着他的创新成果得到了法律的保护。小李认为只有通过合法的途径申请专利，才能保护自己的创新成果不被他人侵犯，同时，也要加强自身的知识产权保护意识，避免侵犯他人的知识产权，共同维护一个公平、健康的创新环境。

知识点 ③ 何谓专利权

专利权是指国家根据创新发明人的申请,以向社会公开发明创造的内容以及发明创造对社会具有符合法律规定的利益为前提,根据法定程序在一定期限内授予创造发明者的一种排他性权利。

根据《中华人民共和国专利法》的规定,专利权分为发明、实用新型和外观设计专利三种类型。这三种专利权的法律保护,也被纳入《中华人民共和国民法典》的规制范围。

1. 发明专利

发明是指对产品、方法或者其改进所提出的新的技术方案,包括产品发明(如机器、仪器设备、用具)和方法发明(制造方法)。发明专利的技术含量最高,发明人所花费的创造性劳动最多,新产品及其制造方法、使用方法都可以申请发明专利。发明专利的特点在于新颖性、创造性和实用性,其保护期通常为 20 年。

2. 实用新型专利

实用新型是指一种适用于实际应用的产品形状、结构或组合的新产品或新技术方案,用于保护具有一定形状或结构的新产品,而不是保护方法以及没有固定形状的物质。实用新型专利的授予不需要进行实质性审查,程序相对简单,成本相对较低。因此,日用品、机械、电器等有形产品的小发明更适合申请实用新型专利。实用新型专利的特点是实用性较强,创造性程度相对较低,其保护期为 10 年,自申请日起计算。

3. 外观设计专利

外观设计是指产品的外观,包括形状、图案或其结合以及色彩与形状、图案的结合,旨在提供富有美感且适合工业应用的新设计。外观设计专利的保护期为 10 年,但根据 2020 年第四次修正的《中华人民共和国专利法》,申请日在 2021 年 6 月 1 日之后的外观专利,保护期将延长至 15 年。申请日在此日期之前的,保护期仍为 10 年。

发明创造是有价值的创造成果,专利将发明创造的商品属性以法律形式固定下来,使之成为不得无偿占有的财产,从而保护发明者的利益。《中华人民共和国专利法》还要求发明者公开其创造成果以利于他人有偿使用,并把实施发明创造作为专利权人的法律义务,以促进技术信息交流和发明的推广应用。

案例 2-2-2

某大学生创业公司的专利维权案

大学生李某研发的"高空喷淋降尘系统（图2-2-1）"是武汉某科技公司的核心技术。另一环保公司却制造了模仿该专利技术的塔吊喷淋装置，之后，该科技公司以涉嫌侵犯其专利权为由，向当地科技局（知识产权局）申请立案。最终，侵权企业一次性赔偿科技公司2.8万元。但考虑到给环境带来的不利影响，原施工现场继续使用已安装的塔吊喷淋装置。

图2-2-1 高空喷淋降尘系统

知识点 4 专利保护的内涵

专利保护是一种法律手段，用于保障发明创造者的权益。它主要保护的对象是那些具有新颖性、创造性和实用性的技术方案，包括发明、实用新型和外观设计。专利保护的目的在于鼓励创新，促进技术进步，为创新者提供一定期限内的独占权，使其能够从自己的创新中获得经济回报。

通过专利申请和授权，创新者可以获得专利权，从而防止他人未经授权使用、制造、销售或进口其受保护的发明创造。这有助于维护市场竞争秩序，促进公平交易，为消费者提供更高质量的产品和服务。同时，专利保护也有助于推动科技创新和产业升级，为经济发展提供源源不断的动力。

专利权是一种法律赋予发明创造者的独占权利，是一种知识产权，具有时间性、地域性、无体性和专有性等特点。

专利权的时间性是指专利权在一定的法定期限内有效。专利权的地域性指的是只在授予专利的国家内有效，其他国家不承认该专利的有效性。专利权的无体性指的是专利权作为一种无形财产权，其客体是发明创造的智力成果，不具有物质形态。专利权的专有性是指只有专利权人才能行使该权利，他人未经授权不得使用或侵犯该权利。

总之，专利权是一种重要的法律工具，能够保护发明创造者的权益，促进技术创新和经济发展，也能够维护市场竞争秩序，促进公平交易，为消费者提供更高质量的产品和服务。

知识点 5 专利授权的条件

专利授权的基本条件主要包括新颖性、创造性和实用性。

1. 新颖性

发明或实用新型在申请日之前，未在国内外出版物上公开发表过，也未在国内公开使用过或以其他方式为公众所知，包括通过销售、技术交流等方式的传播、应用，或通过电视和广播等媒体为公众所知。

2. 创造性

与申请日前的现有技术相比，应具有突出的实质性特点和显著的进步，意味着它应代表技术上的本质差异、质的飞跃和突破，且这种技术和突破对本领域的普通技术人员来说是非显而易见的。也就是说不能是现有技术的简单组合或显而易见的改进，而必须展现出独特的创新性和实用性。

3. 实用性

发明创造必须能够被制造或使用，能够在社会生产生活中得到应用，产生积极的效果。

知识点 6 专利申请的程序

1. 专利申请的基本原则

按照专利法的基本原则，对于同一个发明只能授予一个专利权。当出现两个以上的人就同一发明分别提出专利申请的情况时，有两种处理的原则：一个是先发明原则，一个是先申请原则。

先发明原则是指同一发明如有两个以上的人分别提出专利申请，应把专利权授予最先做出此项发明的人，而不问其提出专利申请时间的早晚。但在确定谁是最先发明人的问题上往往会遇到很多实际困难，目前在世界上只有美国和加拿大等少数国家采用这种专利申请原则。

先申请原则是指当两个以上的人就同一发明分别提出申请时，不问其做出该项发明的时间的先后，而按提出专利申请时间的先后为准，即把专利权授予最先提出申请的人。中国和世界上大多数国家都采用这一原则。

各国对专利申请的审查有不同的要求，基本上实行两种不同的制度。有的国家实行形式审查制，即只审查专利申请书的形式是否符合法律的要求，而不审查该项发明是否符合新颖性等实质性条件。有些国家则实行实质审查制，即不仅审查申请书的形式，而且对发明是否具备新颖性、创造性和实用性等条件进行实质性的审查，只有具备上述专利条件的发明，才授予专利权。中国和世界上大多数国家采用实质审查制。

2. 专利申请的基本流程

发明专利申请审批流程通常为专利申请—受理—初审—公布—实质审查请求—实质审查—授权。申请发明专利需要提交的文件包括请求书（包括发明专利的名称、发明人或设计人的姓名、申请人的姓名和名称、地址等）、说明书（包括发明的名称、所属技术领域、背景技术、发明内容、附图说明和具体实施方式）、权利要求书（说明发明的技术特征，清楚、简要地表述请求保护的内容）、说明书附图（发明常有附图，若仅用文字就足以清楚、完整地描述技术方案的，可以没有附图）。

实用新型专利申请审批流程通常为专利申请—受理—初审—授权。申请实用新型专利需要提交的文件包括请求书（包括实用新型的名称、发明人或设计人的姓名、申请人的姓名和名称、地址等）、说明书（包括实用新型的名称、所属技术领域、背景技术、发明内容、附图说明和具体实施方式，说明书内容的撰写应当详尽，所述的技术内容应以所属技术领域的普通技术人员阅读后能予以实现为准）、权利要求书（说明实用新型的技术特征，清楚、简要地表述请求保护的内容）、说明书附图（一定要有附图说明）、说明书摘要（清楚地反映实用新型要解决的技术问题，解决该问题的技术方案的要点以及主要用途）。

外观设计专利申请审批流程通常为专利申请—受理—初步审查—授权。外观设计专利需要提交的文件包括请求书（包括外观设计的名称、设计人的姓名、申请人的姓名和名称、地址等）、外观设计图片或照片（至少两套图片或照片，包括前视图、后视图、俯视图、仰视图、左视图、右视图等，如有必要，还需提供立体图）、外观设计简要说明（必要时应提交外观设计简要说明）。

专利申请是一项复杂的法律程序，需要遵循一定的规定和流程。专利申请的一般程序如图 2-2-2 和图 2-2-3 所示。

```
               提交专利申请
                    ⬇
          受理（申请日起1~3个工作日）
                    ⬇
            缴费（申请日起2个月内）
                    ⬇
   初步审查（申请日起6个月左右）  ➡  正常公开（申请日起18个月）
                    ⬇                        ⬇
   提前公开（初审合格后准备公开）  ➡        实质审查
                                             ⬇
        复审  ⬅  驳回  ⬅  补正/审查意见（若有）
                                             ⬇
  发证（办登后1个月左右） ⬅ 办登（授通日起2个月内） ⬅ 授通（申请日起3年左右）
```

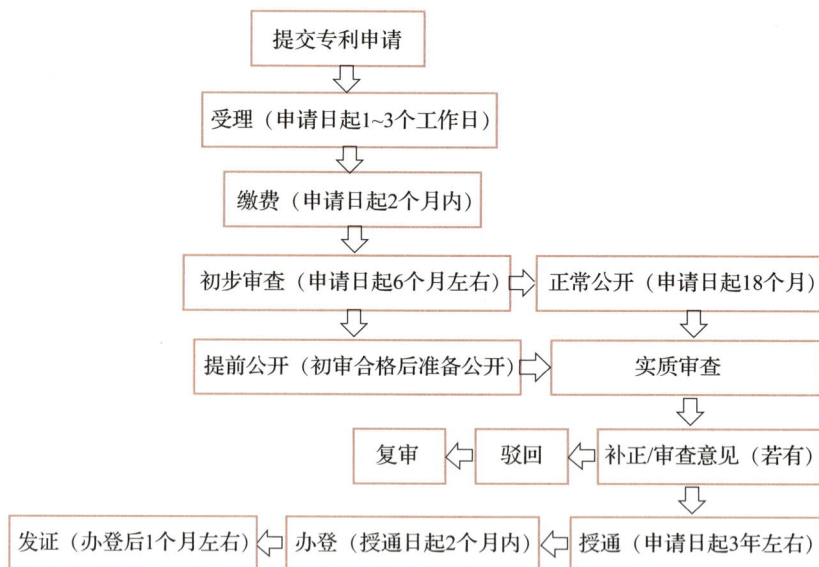

图 2-2-2　发明专利申请流程图

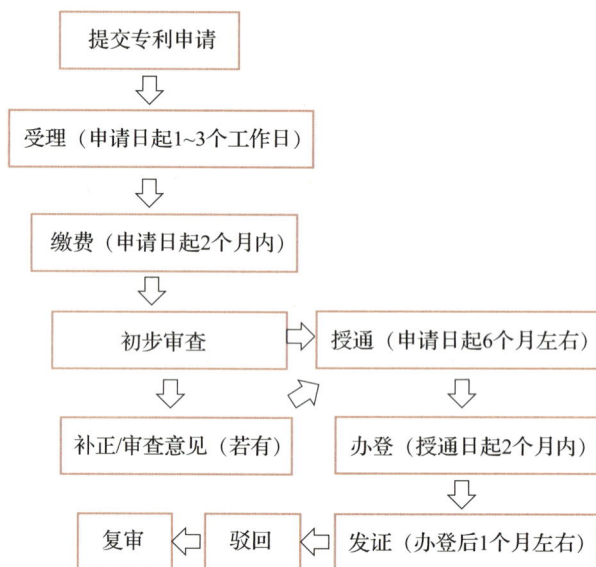

```
               提交专利申请
                    ⬇
          受理（申请日起1~3个工作日）
                    ⬇
            缴费（申请日起2个月内）
                    ⬇
        初步审查  ➡  授通（申请日起6个月左右）
            ⬇       ⬆              ⬇
  补正/审查意见（若有）        办登（授通日起2个月内）
                                    ⬇
      复审  ⬅  驳回  ⬅  发证（办登后1个月左右）
```

图 2-2-3　实用新型、外观专利申请流程图

（1）前期调研

在正式申请专利之前，申请人需要进行前期调研，确认所要申请的专利是否已经被他人申请或授权，以及是否符合专利法的要求。这有助于避免重复申请或侵犯他人权益。

（2）文件准备

根据所要申请的专利类型（发明、实用新型或外观设计），准备相应的专利申请文件。通常包括请求书、说明书、权利要求书、摘要及其附图等。

（3）提出申请

将准备好的专利申请文件提交给国家知识产权局专利局或其代办处。

（4）形式审查

专利局对提交的申请文件进行形式审查，确认文件是否齐全、格式是否正确等。如果申请文件存在缺陷，专利局会发出补正通知书，要求申请人进行补正。

（5）实质审查

针对发明专利申请，经过形式审查合格后，进入实质审查阶段。实质审查主要评估发明专利的新颖性、创造性和实用性。

（6）公布与公告

发明专利申请经过实质审查合格后，会进行公布，进入公告阶段。实用新型和外观设计专利经过初步审查合格后，也会进入公告阶段。

（7）授权与发证

专利申请经过审查并符合授权条件后，专利局会发出授权通知书，申请人需要在规定期限内办理登记手续并缴纳规定的费用。对于按期办理登记手续的，专利局将授予专利权，并颁发专利证书，在专利登记簿上进行记录，并在两个月后于专利公报上进行公告。

（8）年费缴纳与维护

获得专利权后，申请人需要按照规定缴纳年费，以保持专利的有效性。

（9）复审与无效宣告

如果专利申请被驳回或专利被宣告无效，申请人可以提出复审请求或无效宣告请求，以维护自己的权益。

需要注意的是，具体的专利申请程序可能因国家或地区的不同而有所差异。因此，在申请专利前，建议申请人详细了解所在国家或地区专利法的规定和专利申请要求，以确保申请过程的顺利进行。当然，寻求专业的专利代理机构的帮助也是一个明智的选择，他们可以提供专业的指导和建议，帮助申请人顺利完成专利申请过程。

案例 2-2-3 "智能农业灌溉系统"专利权保护之路

小明是某高职院校的农业工程专业学生，他注意到传统农业灌溉方式存在水资源浪费和效率低下的问题，于是致力于研发一种能够智能控制灌溉量和时间的系统。经过多次试验和改进，小明成功设计出了"智能农业灌溉系统"，并申请了专利保护。

在专利申请过程中，小明通过学校的支持和指导，积极准备申请文件，确保技术描述的准确性和权利要求的合理性。专利局经过审查，认定小明的发明具有创新性和实用性，最终授予了他专利权。专利权的获得只是第一步，小明发现，随着其"智能农业灌溉系统"知名度的提升，市场上开始出现了一些仿冒产品，这些产品侵犯了他的专利权。面对侵权行为，小明并没有退缩，而是选择了积极维权。

他首先收集了侵权证据，包括侵权产品的照片、销售记录等，并向专利局和相关部门提交了侵权投诉。同时，小明还联系了专业的律师团队，准备通过法律途径追究侵权者的责任。

经过一系列的法律程序，小明成功维护了自己的专利权，侵权者被要求停止侵权行为并赔偿经济损失。此外，小明的专利还引起了多家农业企业的关注，他们纷纷与小明洽谈合作，希望将这一技术应用于实际生产中。

这个案例给我们带来了以下启示。

一是高职院校学生同样可以拥有和保护自己的专利权。通过自身的努力和学校的支持，学生可以发明出具有实用价值和市场前景的技术，并通过专利申请保护自己的创新成果。

二是面对侵权行为，应当积极维权。专利权是创新者的合法权益，任何侵犯专利权的行为都应受到法律的制裁。学生应当具备维权意识，勇于站出来维护自己的权益。

三是专利权的保护不仅有助于维护创新者的合法权益，还能促进技术的转化和应用。通过专利权的保护，创新者可以获得更多的商业机会和合作资源，推动技术的推广和应用，为社会带来更多的福祉。

能力训练

训练 1 寻找发明项目

1. 训练情境

许多发明者在成长为发明家的过程中，大都经历了带着好奇心探索世界和各类事物工作原理的过程。根据大学生创新发明类相关竞赛的情况，我们不难发现大学生可以做的发明项目可以涵盖多个领域，而敏锐地寻找发明项目是实现发明创新的关键一步。

2. 训练要求

分组讨论（每组 8~10 人），围绕训练情景进行发明项目的头脑风暴，分析讨论确定一个日常生活或者学习过程中发现的、有一定操作性的、需要解决的问题。要求方法运用正确，问题和功能分析透彻，提出的方案和设想科学合理。

3. 训练过程

寻找发明项目的训练过程见表 2-2-1。

表 2-2-1　寻找发明项目的训练过程

训练阶段	活动内容	示例
问题识别	观察与调研	观察日常生活中的痛点与不便之处
		收集反馈，了解市场的需求和期望
	问题定义	确定一个具体、明确的问题陈述
创意激发	头脑风暴	邀请团队成员共同讨论，记录所有可能的解决方案
		可以使用思维导图或白板来记录创意点子
创意筛选	评估与筛选	根据实用性、市场潜力、技术可行性等因素评估创意
		选出最有潜力的几个创意进行进一步开发
原型设计	设计原型	绘制产品草图或 3D 模型
		制定初步的功能规格和技术要求
原型制作	制作原型	使用简易材料或工具制作初步的产品样品
		制作演示视频或展示原型给团队成员

4. 训练成果

寻找发明项目的训练过程及其成果请填入表 2-2-2。

表 2-2-2　寻找发明项目的训练过程及其成果

班级		小组成员	
组长		计时员	
汇报人		记录人	
主题	留心日常生活，寻找发明项目，进行创意构想		
过程记录			
整理、优化组合后的活动结果	应解决的主要问题和应具备的功能		解决方案或设想

训练 ② 填写外观设计专利说明书

1. 训练情境

在正确理解专利设计原理、市场趋势分析和专利法规的基础上，掌握外观设计专利申请的流程。结合实际项目，通过模拟真实的设计任务，从灵感捕捉、草图绘制到三维建模，逐步完善设计方案，深入理解创新成果保护的重要性。

2. 训练要求

所提出的设计作品具有一定的新颖性，符合国家专利法律法规的要求，专利说明书内容完整，能提出一些独特、有创意的设计方案，作品科学合理。

3. 训练过程

首先应深入理解外观设计专利的定义、特点和申请流程，确保设计作品符合专利法规定；其次，需掌握基本的设计技能，如草图绘制、三维建模等，以呈现清晰、准确的设计方案；最后，应具备市场分析能力，了解消费者需求和市场趋势，使设计作品更具市场竞争力。

4. 训练成果

（1）学生分组，每3~5人为一组，并选出一个组长。

（2）组长组织小组成员进行讨论，设定情景，模拟外观设计专利申请的流程。

（3）完成以下外观设计说明书的填写。

①本外观设计产品的名称：＿＿＿＿＿＿＿＿＿＿＿＿＿＿＿＿＿＿＿＿＿。

②本外观设计产品的用途：本外观设计产品用于＿＿＿＿＿＿＿＿＿＿＿

＿＿＿＿＿＿＿＿＿＿＿＿＿＿＿＿＿＿＿＿＿＿＿＿＿＿＿＿＿＿＿＿＿＿＿＿。

提示：应填写有助于确定产品类别的用途，可写明该产品的所属领域、使用方法、使用场所或使用对象等，如"路灯"，本外观设计产品的用途是室外照明。若请求保护的外观设计产品为零部件，还应写明其应用的产品，如"硅片"，本外观设计产品的用途是吸收太阳光，是太阳能电池的部件；不能以分类号代替用途。

③本外观设计产品的设计要点：＿＿＿＿＿＿＿＿＿＿＿＿＿＿＿＿＿

＿＿＿＿＿＿＿＿＿＿＿＿＿＿＿＿＿＿＿＿＿＿＿＿＿＿＿＿＿＿＿＿＿＿＿＿。

④最能表明本外观设计产品的设计要点的图片或照片：

提示：填写一幅外观设计图片或照片的视图名称，如"主视图"。

以上为申报外观专利的必填项，以下内容为选填项。

⑤省略视图：_____。

提示：填写省略视图的原因。

⑥请求保护的外观设计：_____。

提示：若设计要点涉及色彩，则此项为必填项，在空白处填写"包含色彩"，否则可不填写。

⑦指定基本设计：_____。

提示：若请求保护的外观设计为相似设计，则此项为必填项，如"设计1"。

⑧其他：_____。

提示：需要对外观设计进行说明的其他情况可在此说明。

拓展训练

拓展训练1：扫描二维码，在线完成20道理论知识训练题。

训练题2.2

拓展训练2：创新案例分析

2023年7月，来自科罗拉多大学波尔得分校ATLAS研究所的助理教授迈克尔·里维拉（Michael Rivera）开发了一种将废弃的咖啡渣转换为环保材料的新方法，这是一种可回收再利用、可生物降解且易于制作的3D打印材料。相关研究成果以题为"Designing a Sustainable Material for 3D Printing with Spent Coffee Grounds"（《使用废咖啡渣设计可持续的3D打印材料》）的论文被发表在期刊上。

当里维拉还是卡内基梅隆大学的研究生时，他经常在匹兹堡一家咖啡馆打工。这家咖啡店与当地一家组织签订了合同，收集用过的咖啡渣进行堆肥，但在疾病大流行期间这个废物处理流程很难实施，导致废物开始堆积。里维拉说："店主告诉我不知道该怎么处理这些咖啡渣，所以就把它扔掉了。我想着也许我可以用它们做点什么。"

里维拉表示，当今市场上的大多数消费级3D打印机都使用热塑性塑料进行打印，最常见的是聚乳酸（PLA）。从理论上讲，这种材料是可堆肥的，但只有一小部分堆肥设施会接受它。里维拉和同事将干咖啡渣与他们在网上购买的另外两种粉末混合：纤维素胶和黄原胶。两者都是食品中常见的添加剂，并且在堆肥箱中很容易降解。然后，该团队使用改进的3D打印机将咖啡混合物从大型注射器或填缝管容器中挤出，最终层层堆积制作了一个坚固耐用的作品。他们还测试了利用咖啡渣打印成各种形状的物品，例如花盆、珠宝饰品以及咖啡杯。

里维拉强调了他的咖啡渣作品的可重复使用性。通过这样的项目，里维拉和他的团队希望展示零废物解决方案，方便人们在家中轻松使用。

根据上述案例，分析回答以下问题。

1）里维拉的发明针对的是什么问题，解决了哪几个问题？带来了什么好处？

2）里维拉的发明故事给我们哪些启示？

拓展训练3：填写实用新型说明书。

在职业院校中，学生申报知识产权的训练至关重要。通过模拟真实场景，例如发明创新项目、产品设计等，学生可学习知识产权申报流程，理解保护创新的重要性。这些训练不仅可提高学生法律意识，培养其创新能力和市场敏锐度，为未来职业生涯奠定坚实基础；还有助于同学们掌握知识产权基本知识，熟悉申报流程和法律法规，提高申报技能，增强保护意识，遵守学术道德，尊重他人成果，培养诚信创新精神。

实用新型专利申请说明书应对实用新型做出清楚、完整的说明，使所属技术领域的技术人员不需要创造性的劳动就能够再现实用新型的技术方案，解决其技术问题，并产生预期的技术效果。说明书应按所属技术领域、背景技术、发明内容、附图说明、具体实施方式五个部分顺序撰写。说明书应符合国家有关专利法律法规的规定和专利局规定的申请材料要求。

任务 2.3　立足创新实践，提升创新能力

　　1. 掌握创新实践活动的一般环节和流程，具备一定的创新实践能力。

　　2. 能够围绕一定的选题进行分析，提出创新实践方案，形成项目计划书。

引导案例

船撞桥事故频发

　　近年来，船舶撞到大桥的事件在世界各地时有发生。2018年10月，一艘货船在长江口附近与一座大桥发生碰撞，导致货船严重受损，大桥也受到一定影响，事故的主要原因是货船航行过程中未能与桥梁保持足够的安全距离。2019年7月，一艘油轮在黄海海域与一座大桥发生碰撞，油轮上的部分货物落入海中，所幸未造成人员伤亡，事故的主要原因是油轮在夜间航行时未能准确判断大桥的位置。2020年5月，一艘载有集装箱的货船在珠江口附近与一座大桥相撞，导致货船上的部分集装箱落入水中，大桥也受到了轻微损伤，事故的主要原因是货船在通过桥区时未能减速慢行。2021年3月，一艘油轮在东海海域与一座大桥发生碰撞，事故虽未造成人员伤亡，但油轮受到了一定程度的损伤，事故的主要原因是油轮在航行过程中未能保持正确的航线。2024年2月，一艘集装箱船撞上广州一座大桥桥墩，造成大桥一段桥梁滑落，并导致5人遇难，事故的主要原因是轮船在即将抵达大桥时，船员没有关注轮船航向，导致航线过度向左侧偏离，临近大桥时船员才向右急打转弯操作，但为时已晚。

　　案例思考：关于船舶撞到大桥的这类事件，我们可以从多个角度进行创新实践思考。首先，从安全技术的角度出发，我们可以考虑如何提升船舶的导航精度和避免碰撞的能力。例如利用先进的导航雷达、声纳和人工智能等技术，实现船舶的自动驾驶和智能避障，从而确保船舶在航行过程中能够准确识别障碍物并采取相应的避让措施。其次，从结构设计的角度出发，我们可以探讨如何增强大桥的抗撞击能力。例如可以在桥墩和桥面上采用高强度材料，设计合理的防撞结构，以减少船舶撞击对大桥造成的损害。再次，还可以考虑在桥梁关键部位安装传感器和监测系统，实时监测桥梁的受力状态和损伤情况，以便及时发现并修复潜在的安全隐患。最后，从应急救援的角度出发，我们可以研究如何提高船舶和大桥相撞的应急救援能力。例如可以建立船舶和大桥的应急通信系统，确保在发生事故时能够及时传递信息并协调救援力量。同时，还可以考虑在桥梁附近设立应急救援站点，配备专业的救援设备和人员，以便在需要时迅速展开救援行动。

案例启发：船舶撞到大桥的事件可以引发我们对船舶航行安全、大桥结构设计以及应急救援能力等方面的深入思考。通过不断创新和完善相关技术和管理措施，我们可以为水上交通安全提供更加坚实的保障。

基本知识

知识点 1 发现和界定问题

1. 发现问题

发现问题是指在特定情境下，通过观察、分析或测试等方式，识别出与预期或常规不符的情况、矛盾、难点或问题。这里强调的是主动寻找、识别和解决问题的过程，是问题解决的第一步。发现问题通常涉及对现状的深入观察和理性思考，需要具备一定的观察能力、分析能力和创新思维能力。同时，还需要对问题有清晰的认识和理解，以便能够准确地找到问题的根源和解决方案。发现问题不仅是解决问题的前提，也是改进和创新的基础。通过发现问题，我们可以及时纠正错误、优化流程、提高效率，从而推动个人和组织的发展。因此，培养发现问题的意识和能力对于个人和组织的成长具有重要意义。

2. 界定问题

界定问题是指明确问题的具体范围、边界和含义，以便对问题进行准确的识别和分析。通过界定问题，可以确保对问题的理解一致，避免产生歧义或误解，并为后续的问题解决提供清晰的方向和目标。在界定问题时，需要考虑问题的本质特征、相关因素、影响范围以及问题出现的背景等信息。通过综合分析和归纳，可以形成一个清晰、准确的问题定义，为后续的问题解决提供有力的支撑。

通过创新的视角在现实社会现象中发现和界定问题，可以遵循以下步骤。

1）保持好奇心和敏锐的观察力。保持对周围事物的好奇心，关注生产生活中的各种细节，敏锐的观察力可以帮助捕捉到那些容易被忽视的现象和问题。

2）跨学科思考。尝试将不同学科的知识和视角结合起来，以全新的方式来看待问题，这样能帮助我们发现一些传统思维模式下难以察觉的问题。

3）质疑和反思。对现有的观点、理论和解决方案持怀疑态度，并进行深入反思并提出质疑和反思，这样能帮助我们发现那些被普遍接受但可能存在问题的对象，进而提出新的解决方案。

4）创新模拟。通过阅读相关书籍、访谈专家等方式，找到问题的关键点，提出自己的创新模拟模型。

5）实际问题解决。将创新视角应用于实际问题的解决过程中，通过实践不断积累经验和教训，进一步提高自己的创新能力和问题解决能力。

通过以上步骤，可以逐步培养自己的创新视角，在现实社会现象中发现和界定问题。新并不仅仅是发明新的事物，更重要的是以新的方式方法来看待和解决问题。

知识点 2 分析和寻找突破口

分析问题和寻找问题的突破口是解决问题的关键步骤。

1. 分析问题

①深入了解问题的背景和细节，包括问题的起源、发展、现状以及可能的影响。

②分析问题产生的原因，充分运用发散思维，从多个角度思考，找出可能导致问题的关键因素。

③分析问题的性质和影响范围，明确问题的严重性和紧迫性。

④将一些大问题分解成若干个子问题，逐一分析，逐一解决。

2. 寻找问题的突破口

①确定问题的核心，即问题形成的主要矛盾和关键因素。

②寻找解决问题的切入点，通常可以从问题的源头、关键环节或瓶颈入手。

③尝试采用新的思路和方法，打破传统的思维定式，寻找创新的解决方案。

④借鉴他人的经验和教训，从他人的成功案例中汲取灵感和启示。

在解决问题的过程中应保持耐心和冷静，不断调整和优化解决方案，直至问题得到圆满解决。

知识点 3 凝练解决问题的方向

为了凝练问题的解决方向，需要深入了解问题的本质和背景，包括分析问题产生的原因、影响以及当前已经尝试过的解决方案。在此基础上，我们可以从以下几个方面来凝练问题的解决方向。

1）明确目标。要先明确解决问题的目标，即期望达到的结果，这有助于确定解决问题的主要方向。

2）梳理关键要素。分析问题的各个关键要素，包括问题的成因、影响以及可能的解决方案。这有助于更好地理解问题，从而找到解决问题的关键所在。

3）制定解决思路。根据对问题的深入理解，可以尝试制定多种解决思路，这些思路应该具有针对性和可行性，能够解决问题的核心矛盾。

4）评估和优化思路。在制定了多个解决思路后，需要对它们进行评估，比较它们的优缺点。再根据评估结果对思路进行优化，以提高解决问题的效果。

5）寻求专业意见。在凝练问题解决方向的过程中，可以寻求专业人士的意见和建议。他们可能具有更丰富的经验和知识，能够提供有价值的建议和指导。

知识点④ 提出解决问题的模型或方案

研究和制作解决问题的模型或方案是一个非常重要的任务，以下是其基本的步骤。

1）收集数据。收集与问题相关的数据，这些数据可以用于分析问题产生的原因和影响，是确定模型或方案相关参数的基础。

2）分析数据。对收集到的数据进行整理和分析，这有利于帮助我们了解问题的本质和根本原因，逐步确定模型或方案的关键细节。

3）制定模型或方案。基于数据分析的结果，制定模型或提出方案，这个过程需要考虑多种因素，如技术路径、成本、时间、应用场景等。

4）测试和优化。一旦模型或方案制定完成，需要进行测试和优化，这可以通过模拟、实验或试点等方式进行，测试的结果可以用于改进和优化模型或方案。

5）实施和监控。在实际环境中实施模型或方案，并进行持续的监控和调整，确保模型或方案能够长期有效地解决问题。

总之，研究和制作解决问题的模型或方案需要运用系统思维的方法，同时也需要不断的实践和优化。

知识点⑤ 开展市场应用转化试点

创新模型的市场应用转化试点是一个复杂的过程，涉及多个方面，包括市场需求、技术可行性、商业模式等，以下是一些关键步骤和考虑因素。

1）组建团队。团队成员应有明确的角色和职责，具备业务所需的专业知识和技能，注重沟通和团队文化建设，并且能够相互协作，执行力强和具有适应市场变化的能力。

2）市场调研。了解目标市场的需求、竞争态势和潜在用户的偏好，有助于确定创新模型的市场潜力和定位。

3）技术可行性评估。评估创新模型的技术是否成熟、可靠且易于实现，包括技术成本、研发周期和潜在的技术和经济风险等。

4）商业模式设计。根据市场需求和技术的可行性，设计适合创新模型的商业模式，包括确定产品或服务的生产组织、定价策略、销售渠道和盈利模式等。

5）合作与资源整合。寻找合适的合作伙伴并进行资源整合，以推动创新模型的市场应用，包括与产业链上下游企业、科研机构或政府部门等不同组织的合作。

6）营销与推广。制定有效的营销策略和推广计划，包括广告、公关、社交媒体等多种渠道，以吸引潜在用户并提高市场知名度。

7）持续改进与优化。根据市场反馈和用户需求，持续改进和优化创新模型。这有助于提升产品或服务的质量和竞争力，并推动市场应用的持续扩大。

在整个过程中，需要注意风险管理，遵守法律法规，确保创新模型的市场应用转化过程合法、合规且可持续。同时，还需要关注市场变化和新兴技术趋势，以便及时调整策略并抓住市场机遇。

通过市场试点应用转化，可以将创新模型从理论转化为实践，验证其可行性和有效性，推动其广泛应用，为企业创造更大的价值。

知识点 ⑥ 评估质量和水平

对试点技术或方案的质量和水平进行评估，可以考虑以下几个方面。

1）技术水平。评估试点技术或方案是否具备实现的条件和资源，包括技术成熟度、设备配置、人员技能和同类产品的比较等，进一步将模型发展完善为产品。

2）实际应用效果。观察试点技术或方案在实际应用中的表现，包括稳定性、可靠性、效率等，以及是否能够解决实际问题。

3）用户体验。收集用户对于试点技术或方案的反馈意见，了解用户的使用体验是否良好，是否易于操作、维护等。

4）成本效益。分析试点技术或方案的投入与产出比例，包括投资回报率、成本节约等，以评估其社会和经济效益。

5）创新性和前瞻性。评估试点技术或方案的创新程度以及是否具有先进性和前瞻性，是否能够引领行业发展趋势。

通过以上几个方面的综合考虑，可以对试点技术或方案的质量和水平进行全面的评估，为模型或方案的阶段性定型决策提供参考依据。

知识点 7 提出发展规划和诉求

1. 发展规划

（1）市场定位

在创新项目的初期，经过试点后，了解目标市场的需求和竞争态势。通过市场试点，确定项目的市场定位，明确项目的竞争优势和差异化特征。

（2）技术研发与创新

在确定了市场定位后，需要投入资源进行技术研发和创新。通过不断的技术创新，提升项目的核心竞争力，满足市场需求，并在市场中脱颖而出。

（3）产品开发与推广

在技术研发的基础上，进行产品开发，将创新成果转化为具有市场竞争力的产品。同时，制定有效的市场推广策略，提高产品的知名度和市场份额。

（4）进一步拓展合作与资源整合

在项目的成长过程中，将团队通过创办企业等形式发展成为组织，积极寻求与其他企业或机构的合作，拓展合作渠道，整合优势资源，共同推动项目的发展。

（5）持续优化与升级

在项目的运营过程中，需要持续关注市场反馈和用户需求变化，不断优化产品和服务，进行技术升级，以保持项目的竞争力和市场地位。

（6）社会认可与品牌建设

创新项目的发展需要得到社会的认可和支持，项目方可以通过不断提升产品和服务质量，树立良好的品牌形象，赢得用户的信任和口碑。同时，还可以积极参与社会公益事业，提高项目的社会影响力。

（7）发展预期成效

企业在未来一段时间内所期望达到的目标和效果，包括但不限于技术创新链、业绩增长、市场扩张、组织优化等。

2. 发展诉求

（1）资金支持

创新项目在发展过程中，需要充足的资金支持，包括研发经费、市场推广费用、运营资金等。因此，寻求资金支持是创新项目的重要诉求之一。在获得融资后，要做好股权设计。

（2）政策扶持

政府政策对创新项目的发展具有重要引导作用，政府提供的政策扶持，如税收优惠、资金补贴、项目立项等，会降低项目的运营成本，提高项目的竞争力。

（3）人才引进与培养

创新项目的发展离不开优秀的人才，项目要主动吸引并留住具备创新能力和专业技能的人才，同时加强人才培养，提升团队的整体素质。

（4）产业链协同

创新项目的发展需要与产业链上下游企业协同合作，与产业链相关企业建立紧密的合作关系，共同推动产业的发展和创新。

知识点 8　撰写创新项目计划书

创新项目计划书要体现以下几方面内容，包括创新团队在现实场景中发现和界定问题，运用创新思维科学分析和寻找突破口，采用创新技法探索问题解决方向，秉承创新发明的态度研制模型，锚定创新初心开展转化试点，坚持创新精神评价产品或服务的质量和水平，整合创新资源提出发展诉求，坚守创新使命服务社会发展，树立创新自信描绘事业愿景。

撰写创新项目计划书的原则主要包括以下几点。

（1）清晰明确

项目计划书应清晰明确，能够直接反映项目的核心内容和目标。各部分内容应逻辑连贯，条理清晰，让读者能够快速了解项目的整体情况。

（2）全面详尽

项目计划书应涵盖项目的各个方面，包括项目背景、市场分析、产品介绍、营销策略、组织结构、财务预算等。同时，对于每个方面都应进行详尽的描述和分析，以便让读者全面了解项目的细节和可行性。

（3）突出亮点

项目计划书应突出项目的亮点和特色，突出项目的竞争优势和市场前景，通过强调项目的独特性和创新性，吸引投资者的关注和兴趣。

（4）实事求是

项目计划书应以事实为依据，真实反映项目试点的实际情况和发展前景，避免夸大或虚构项目情况，以免引起投资者的疑虑和不满。

（5）灵活性

项目计划书应具有一定的灵活性，能够根据投资者的需求和关注点进行调整和完善。同时，也要考虑项目在实施过程中可能出现的变化，及时调整计划并更新框架。

总之，撰写创新项目计划书应遵循清晰明确、全面详尽、突出亮点、实事求是和灵活性等原则，以确保面对不同的对象时，项目计划书均能够准确、全面地展示项目的价值和潜力。

能力训练

训练 撰写创新项目计划书

1. 训练情境

针对本任务引导案例"船撞桥事故"情境，结合相关专业知识，查阅资料，就如何减少船撞桥事故的发生率和降低事故危害，给出解决方案以及相关产品或技术的开发与推广应用计划。

2. 训练要求

以小组（每组 3~5 人）为单位，选择针对性的应用场景，就所选择的实践情境中的问题及其危害性，进行创新设计思考，撰写创新项目计划书。要求问题选择准确，原因分析透彻，解决问题的突破口和方向选择正确，所提出的解决问题的模型或方案科学合理，所撰写的项目计划书内容完整。

3. 训练过程

撰写创新项目计划书的基本逻辑过程如图 2-3-1 所示。

4. 训练成果

撰写创新项目计划书的训练过程及其成果请填入表 2-3-1。

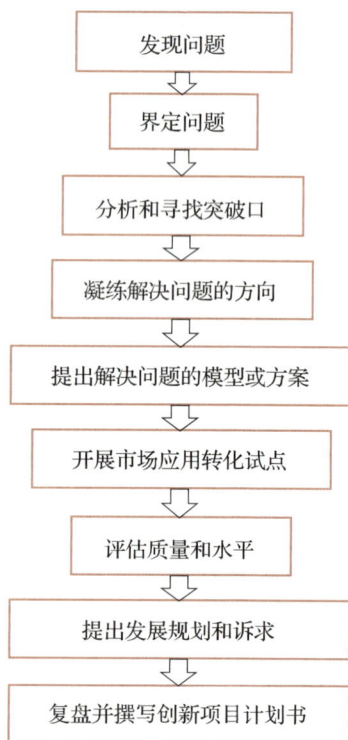

发现问题 → 界定问题 → 分析和寻找突破口 → 凝练解决问题的方向 → 提出解决问题的模型或方案 → 开展市场应用转化试点 → 评估质量和水平 → 提出发展规划和诉求 → 复盘并撰写创新项目计划书

图 2-3-1　撰写创新项目计划书的基本逻辑过程

表 2-3-1　撰写创新项目计划书的训练过程及其成果

步骤	序号	问题的来源					
发现问题的路径	例	新闻报道（电视、广播、报纸、互联网等）					
	1						
	2						
	3						
	4						
	主要来源						

步骤	序号	现象	问题界定
界定问题	例	航行过程中未能与桥梁保持足够的安全距离	不按规定操作
	1		
	2		
	3		
	4		
	问题表述		

步骤	序号	维度	突破口
分析和寻找突破口	例	偏航	航线偏航自动提醒、报警和纠正
	1		
	2		
	3		
	突破口排序		

步骤	序号	突破口	情境	目标	关键要素	解决思路	评估和优化	专家意见
凝练解决问题的方向	例	事故发生后自动报警	桥上车辆未能及时获得警报，因来不及停车而落水	第一时间通知利益相关者	如何发送信息、谁发送信息、向谁发送信息	分类设置情景自动报警模式	现场和救援等不同人员群体的有效覆盖和通知到位	及时、高效、适应不同环境特点，不误报
	1							
	2							
	方向排序							

073

（续）

步骤	序号	解决方向	创新思维方法	应用描述	模型或方案核心功能展示
提出解决问题的模型或方案（围绕某一方向）	例	提升警报系统的智能化、精准化	系统思维方法	能够自主控制不同设备采用不同方式及时将信息发送给大桥管理人员、船舶所属企业、救援人员、交通管理人员等，开启现场人员通行劝阻、桥梁相关区域自动检查与维护等模式，保障利益相关群体的安全	
	1				
	2				
	方案选择				

步骤	模型名称	团队名称	市场调研情况	技术可靠性评估情况	商业模式设计	合作与资源整合	营销与推广方式	改进和优化方向
开展市场应用转化试点								

步骤	产品名称	团队名称	技术水平	实际应用效果	用户体验	成本效益	创新性和前瞻性
评估质量和水平			①新产品或方案与老产品或方案的比较 ②与同类产品的比较（可以从整体或具体参数进行比较）				

步骤	产品名称	组织名称	发展规划	发展诉求	发展愿景
提出发展规划和诉求			①按时间（1~3年）②按技术（技术水平）③按发展规模（市场份额、应用规模等）④按效益影响（经济效益、社会效益等）		

(续)

复盘并撰写创新项目计划书	复盘：根据你所选择的训练情境，梳理发现问题、界定问题、分析问题、寻找突破口、问题解决方向、研制模型、市场转化试点、评价产品或服务的质量和水平、发展规划和诉求、服务社会发展、描绘事业愿景的阶段性结论等环节，简要地将你的创新项目进行表述，建议不超过300字
	撰写项目计划书：根据你所梳理的创新项目计划书的简要表述，将各个环节的内容展开（可根据项目的实际情况增减具体观测点），写一份不少于1000字的项目计划书。（课程作业之一，结课前电子版提交到任课老师，占总成绩的30%）

拓展训练

拓展训练1：扫描二维码，在线完成20道理论知识训练题。

拓展训练2：创新案例分析。

1. 创新进阶梳理

华为在芯片领域的发展历程可以追溯到20世纪90年代。起初，华为主要是通信设备供应商，但随着技术的不断发展，公司逐渐意识到芯片对于整个通信设备的重要性，着手自主研发芯片。

在2004年，华为成立了海思半导体公司，正式进入芯片研发领域。最初，海思主要研发的是通信基带芯片和交换机芯片，随着技术的不断积累，逐渐扩展到了手机芯片、服务器芯片、人工智能芯片等多个领域。华为在手机芯片领域的突破尤为显著。自2012年推出首款四核智能手机芯片K3V2以来，华为不断推陈出新，不断提升芯片性能。到了2019年，华为发布了自主研发的5G芯片——麒麟990，标志着华为在5G时代的芯片领域迈出了坚实的一步。

除了手机芯片，华为还在服务器芯片、人工智能芯片等领域不断取得突破。例如华为的鲲鹏系列服务器芯片和昇腾系列人工智能芯片，都在市场上获得了良好的口碑

训练题2.3

075

和应用。然而，华为在芯片领域的发展也面临着一些挑战。近年来，美国政府不断对华为进行打压和制裁，限制华为使用美国技术和产品，给华为在全球市场的芯片供应带来了不小的困难。但华为始终坚持自主研发和创新，不断寻求突破和发展，为中国芯片产业的发展做出了积极的贡献。

根据上述案例，从华为致力于打造自己的创新链体系角度，谈一下企业如何才能更好地实现创新？

2. 职业生涯发展起锚

詹天佑（1861—1919年），祖籍徽州婺源，生于广东省广州府南海县（今佛山市南海区）。12岁留学美国，1878年考入耶鲁大学土木工程系，主修铁路工程。其负责修建了京张铁路等工程，有"中国铁路之父""中国近代工程之父"之称。

詹天佑幼年在父母的支持下抓住了赴美留学的机会，开始了自己职业生涯的起点。1872年8月，包括詹天佑在内的首批清代官派美留学幼童30人远赴美国。詹天佑在美国入小学、中学学习后，在1878年以优异成绩进入耶鲁大学，修读土木工程，铁路专业。1881年5月，詹天佑以《码头起重机研究》为论文毕业，获得哲学学士学位。同年，清政府撤回所有留学生，百多名归国留学生中，只有詹天佑及唐绍仪取得了学位。

1888年，詹天佑转入由李鸿章、伍廷芳兴办的中国铁路公司，在英国工程师金达指导下任见习工程师并得到学以致用的机会。詹天佑最初参与兴建连接唐山至天津的唐津铁路中塘沽至天津段的津沽铁路铺轨工作，之后很快便得到金达的赏识，升任工程师和地区工程师。1890年，中国铁路公司修筑天津至山海关的津榆铁路，当中需要在滦河修建桥梁。工程最终交由詹天佑负责，他以气压沉箱法，用中国工人建造桥墩成功筑起了桥梁，解决了之前铁路公司聘用英国、日本及德国工程师都未能解决的工程问题。自此詹天佑崭露头角，担任了京津路、萍醴路等的铁路建设。1894年被英国土木工程师学会选为会员，是首位进入该学会的华人。1902年，袁世凯为了得到慈禧的支持兴办铁路，建造来往高碑店至易县的新易铁路，以供慈禧祭祖时乘坐。詹天佑被任为总工程师，以四个月时间及低廉的成本建成了铁路。虽然这段只有37公里长的路线没有很大的实质作用，但却是首条由中国人自行修建的铁路。

之后清政府准备兴建连接北京至张家口的京张铁路。由于这条铁路具有重要的战略价值，英国及俄国都因希望得到建造权而相持不下。然而，英国、俄国的铁路高级计划测量师和工程师在经过多次的探勘之后，纷纷打起了退堂鼓。袁世凯在1905年决定不用外国资金，亦不使用外国人，全部由中国人自行修建京张铁路。詹天佑被任为总工程师，之后更兼任铁路总办。京张铁路全长约 220 公里，由于要经过长城内外的燕山山脉，需要兴建不少隧道及桥梁，工程相当复杂。詹天佑从三条他亲自勘定的路线中，选择了成本较低的一条。最终京张铁路在 1909 年 10 月 2 日建成通车，施工时间比原定缩短了两年，而建造成本亦比原来预算节省三十五万两白银。京张铁路是中国自主设计并建造的第一条铁路，创设"竖井开凿法"和"人"字形线路，解决了地势险要的问题，震惊中外。京张铁路的成功建造，不仅是中国近代工程史上的重要成就，更对当时正掀起民间自办铁路风气的中国起到了很大的激励作用。此外，詹天佑在筹划修建沪嘉、洛潼、津芦、锦州、萍醴、新易、潮汕、粤汉等铁路中亦有贡献，并著有《铁路名词表》《京张铁路工程纪略》等。

根据上述案例，分析回答以下问题。

1）詹天佑的成长经历充满了独立创新精神，他在职业生涯中是如何围绕创新获得提升和发展的？

2）你的职业生涯起锚在哪里？

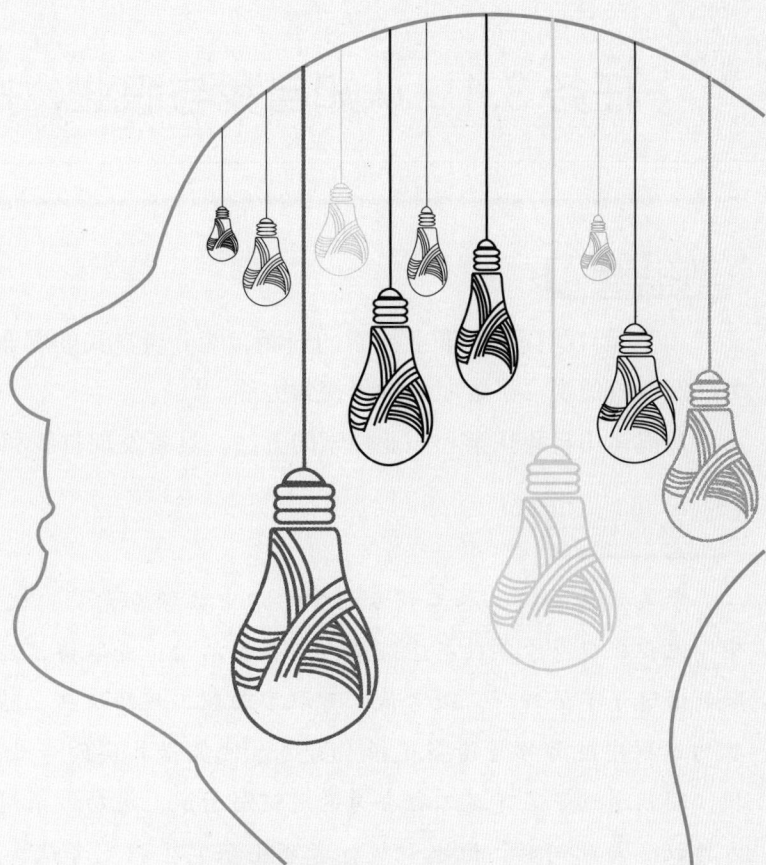

模块 3

规划职业生涯，
提升职业素养

任务 3.1　认知自我与职业，找准职场定位

1. 掌握自我探索和职业探索的内涵，能分析自我的职业性格、职业兴趣、职业能力、职业价值观，了解职业世界探索方法。

2. 能运用自我探索和职业探索的方法，具备发现自我和进行职业适配的能力。

引导案例

李某为某高校土木工程专业学生，中共预备党员，校学生会干部，在大学生活中，他积极投身于学校与学院举办的各类活动，并取得了显著的成绩。在学业上，他顺利通过了英语四、六级考试，考取了助理工程师证书。随着毕业季的临近，他在求职的过程中也面临着诸多选择。首先，他凭借扎实的专业知识和出色的专业能力表现，顺利通过了某建筑工程公司的笔试与面试，成功被录用，并希望与他尽快签订三方协议。与此同时，他也积极备考硕士研究生招生考试，并成功参加了复试，以优异的成绩被确定为拟录取人员。此外，他还参加了公务员考试，取得了较好的初试成绩，成功进入了面试环节。他正在积极备考，他的父母特别期望他能进入公务员队伍。现在的他显得有些焦虑，在他面前的都是很好的机会，但是他此刻有些不知道要如何选择。

案例思考：虽然该同学在就业之路上取得了令人羡慕的成绩，但是也给其带来了职业上的选择困境、精神上的无形压力以及思想上的迷茫困惑。主要表现在为：一是公务员面试是否全身心投入，如果放弃，其内心还有些不甘甚至是不安；二是放弃继续深造的机会，毕业后直接参加工作，或是放弃工作，继续攻读研究生，两者抉择较难，而陷入迷茫；三是参加工作，包括知名企业职员和公务员两个职业是否能与继续深造兼得，即实现一边工作一边读研的理想状态。

案例启示：本案例是一起典型的大学毕业生就业选择即职业生涯规划的专业问题，不仅涉及就业观、职业观，还涉及表象背后的思想观，尤其是社会主义核心价值观中的诚信、爱国、敬业。每个人都想让自己的人生过得充实而富有意义，但仅有理想是不够的，还必须了解自己、发现兴趣、明确方向、找准机遇和制订切实可行的职

业发展规划，这样才能找到人生的方向。

基本知识

知识点 ① 探索自我

探索自我就是对自己进行科学、全面、彻底的剖析，自我认知的目的是认识自己、了解自己。在对职业生涯进行规划的过程中，通过自我认知，可以从阐释"自己是一个什么样的人"到"我想干什么"，转变到"我能干什么"，这个过程需要运用适当的途径和方法，以达到正确认识自身优势与劣势的目的，从而实现对自我能力的管理与监督。

不同的择业者有不同的职业适应范围，不同的职业对人有不同的要求，两者最佳结合就是择业者的个人特征与职业对人的要求相匹配。因此，认清个人特征是科学地选择职业的基本条件。探索自我主要包括以下几个方面。

1）职业兴趣——喜欢做什么。

2）职业能力——能够做什么。

3）职业人格——最擅长做什么。

4）职业价值观——最看重什么。

判断一个人是否成功，主要是看他是否最大限度地发挥了自己的优势。最大限度地发挥自己的优势是职业生涯设计成功的重要依据，要想在职业生涯方面获得成功，必须先要学会正确认识自己，发现自身的禀赋和优势。在职业生涯规划设计中，如果能根据自身优势选择职业，并把能力、兴趣、性格等方面的优势发挥到极致，就会事半功倍，如鱼得水。

案例 3-1-1

认识自我

小张是一名大学三年级的学生，她一直都觉得自己很内向，不善于表达自己。然而，在一次社团活动中，她被选为发言人，代表社团进行发言。这让小张感到非常紧张和不安，她担心自己无法胜任这个任务。但是，在准备发言的过程中，她发现自己其实有着很好的思考能力和表达能力，只是平时没有机会展示出来。

在发言的过程中，小张虽然有些紧张，但还是能够流利地表达自己的观点，并且得到了大家的认可和赞赏。这次经历让她认识到自己的潜力和能力，她开始更加自信地表达自己，也更加积极地参与各种活动。

案例告诉我们，大学生在认识自我的过程中，需要通过各种经历和挑战来发现自己的潜力和能力，从而更加自信地面对未来的挑战。同时，也需要保持谦虚和自省，不断反思自己的不足和需要改进的地方，以便更好地成长和发展。

知识点 2 探索职业兴趣

兴趣是一种无形的动力，每个人都会对他感兴趣的事物给予优先注意和进行积极的探索。职业兴趣是一个人对待工作的态度，对工作的适应能力，表现为有从事相关工作的愿望和兴趣。

根据霍兰德职业兴趣分类方法，将职业兴趣分为 6 种类型：常规型、艺术型、现实型、研究型、社会型、企业型。霍兰德用六角形模型来解释 6 种类型之间的关系（图 3-1-1）。在六角形模型上，任何两种类型之间的距离越近，其人格特质及职业环境的相似程度就越高，或者说它们的一致性就越高；对角线上的人格类型往往是截然相对的。因此，一个人同时对处于对角关系上的两种职业环境都产生浓厚兴趣的情况较为少见。

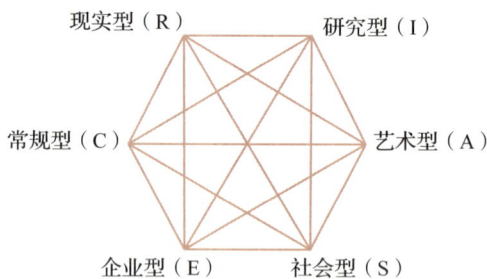

图 3-1-1 职业兴趣类型图

霍兰德职业兴趣理论指出个人职业兴趣与职业环境之间的适配，将增加个人的工作满意度、职业稳定性和职业成就感，这是职业成功的重要因素之一。例如，一个以社会型（S）、艺术型（A）、研究型（I）兴趣为主的人，从事霍兰德代码也是 SAI 的教师职业，会比以社会型（S）、现实型（R）、研究型（I）兴趣为主的人从事教师职业更适合，也更能享受职业带来的成就感和满足感。大学生可以用此理论来了解自己的兴趣，并探索、寻找适合自己的职业。

案例 3-1-2

坚持兴趣，成就出彩人生

国内第一个世界技能大赛冠军、全国五一劳动奖章获得者、全国技术能手、全国爱岗敬业汽修工楷模……这一个个耀眼的荣誉和头衔都属于 27 岁的小杨，一名技师学院的毕业生，年纪轻轻已是国家特级技师。

小杨出生在云南省一个农民家庭。2010年，某技师学院来学校招生，小杨从好奇到深入了解后，喜欢上了给车喷洒颜色，就报考了汽车钣金与涂装专业。入学后，小杨把所有时间和精力都花在专业学习与实操上。这份热爱与钻研使他一步一步从市级、省级、国家级各类技能竞赛中脱颖而出，先后获得浙江中职技能大赛冠军和全国赛二等奖。

2014年2月，第43届世界技能大赛汽车喷漆项目中国集训基地落户某技师学院。小杨辞掉工作报名参加比赛，训练异常艰苦，中途不断有选手退出。据小杨回忆，夏天室内温度高达40℃，为了不影响训练效果，全身必须裹得严严实实，一天训练下来换七八套工作服是常有的事。长达一年的高强度集训，枯燥又辛苦，但小杨坚持了下来。2015年8月，小杨勇夺第43届世界技能大赛汽车喷漆项目冠军，使中国实现了世界技能大赛金牌零的突破。

"不论是学知识还是学技术，只要感兴趣，能坚持，肯钻研，就一定能有出彩的人生"。在小杨看来，"喜欢"是自己能够成功的先决条件。

知识点 ③ 职业性格

1. 性格类型与职业选择

根据心理学家荣格的人格类型理论，人的性格可以分为思考型、感觉型、直觉型和情感型四种类型。不同的性格类型适合从事的职业也不同。比如，思考型人格适合从事理性分析和思考的工作，如科学家、工程师等；感觉型人格适合从事体力劳动和操作工作，如机械师、建筑工人等；直觉型人格适合从事创意和创新的工作，如艺术家、作家等；情感型人格适合从事关心和帮助他人的工作，如医生、教师等。因此，在职业选择时，我们应该根据自身的性格特点来选择适合自己的职业。

2. 性格与职业成功的关系

性格特质是影响职业成功的重要因素之一。研究表明，乐观、自信、冒险、适应性强、有计划性、有决策能力的人更容易在职场上获得成功。而性格内向、焦虑、情绪化、过于谨慎的人则可能面临职业发展的挑战。因此，了解自己的性格特点，发挥自己的优势，改善自己的性格缺陷，对于职业成功至关重要。

3. 性格与职业满意度的关系

职业满意度是衡量一个人在职场上幸福感和满足感的指标。比如，性格外向、乐观、适应性强的人往往更容易适应新环境和新工作，从而获得更高的职业满意度。而性格内向、焦虑、情绪化的人则可能难以适应新环境和新工作，从而导致职业满意度降低。因此，了解自己的性格特点，选择适合自己的职业，能够提高职业满意度。

4. 性格与职业转型的关系

在职场生涯中，很可能会因为自身的需要、公司的要求或市场的变化而转换职业。性格特点对于职业转型有着重要的影响，比如，性格外向、自信、有冒险精神的人更容易适应新环境和新工作，从而更容易实现职业转型。而性格内向、焦虑、情绪化的人则可能更难适应新环境和新工作，从而更难实现职业转型。因此，在职业转型前，应该先了解自己的性格特点，选择适合自己的转型方向。

总之，性格与职业选择之间存在着密切的关系。只有了解自己的性格特点，选择适合自己的职业，发挥自己的优势，改善性格缺陷，才能提高职业满意度，从而更好地实现职业转型和职业发展。

案例 3-1-3

职业性格对职业发展的影响

小梁是一个善于交流，喜欢交际的小伙子，他思维灵活，想法独立，在同学当中，他说的话，别人很容易听进去。小梁很希望以后从事与人交往方面的工作，比如工商管理、销售员等工作。

可是，小梁的父母觉得这些工作都没什么技术含量，他们看到现在汽车进入家庭，买车的人越来越多，他们认为学汽车修理将来不愁找不到工作。小梁不想违抗父母，只好学了汽修专业。

小梁也想学好汽修，但是汽车构造、汽车故障排除的课程让他觉得很枯燥、很苦恼。后来在实习的时候他发现，原来学过汽修的人也可以从事汽车销售工作，知道这个消息后小梁高兴极了，决定今后往汽车营销方面发展。他的目标是"懂汽车，卖汽车"。从此，他慢慢对汽车结构和汽车维修课程有了兴趣，更主要的是他要想方设法把这些知识与销售汽车联系起来。为此，他还去其他班级学习销售方面的知识。

功夫不负有心人，毕业后，小梁找到了一份汽车销售工作，进入汽车4S店做销售员。由于他了解的汽修知识比较多，善于交流，因此在向顾客介绍的时候，显得很专业，很容易获得顾客的信任，成交量节节攀升。毕业1年就当上了销售主管，业绩也蒸蒸日上。

知识点 4 职业能力

能力是指顺利完成某种活动所具备的稳定的性格心理特征。它是顺利完成某一活动所必需的主观条件，直接影响活动效率。能力总是与人完成一定的活动相联系在一起的，离开了具体活动，既不能表现人的能力，也不能发展人的能力。

职业能力是指人们从事某种职业必须具备的并在该职业活动中表现出来的多种能力的综合。职业能力是个体择业的基本参照和就业的基本条件，是胜任职业岗位工作的基本要求，也是个体立足于社会、获取生活来源、取得社会认可、谋求自我发展的安身立命之本。

能力是职业适应性的首要的和基本的制约因素。人的能力水平及其发展方向是存在差异的，不同的职业对人的能力也有不同的要求。能力和职业吻合要遵循以下原则。

（1）能力水平要与职业层次基本一致

不同层次的职业或职业类型，由于所承担的责任不同，对人的能力会有不同的要求，因此，个体应根据自己所达到或可能达到的能力水平确定相吻合的职业层次。

（2）充分发挥优势技能的作用

每个人都具备一个由多种能力构成的能力系统，在这个系统中，各方面能力的发展是不平衡的，个体在进行职业选择时，应主要考虑最佳能力，选择最能运用优势能力的职业。

案例 3-1-4　技术能手的成长历程

小沈是某交通职业学院市政工程技术专业2009级学生，现任某省有色工业建筑质量检测站有限公司路桥部副部长一职。在校就读期间，小沈认真学习工程相关知识，打下了坚实的检测专业基础。毕业后，在某高速公路改扩建工程中心试验室开始了长达4年的驻地检测工作，主要负责土工、无机结合料、沥青及沥青混合料、道路现场检测工作。自2017年进入某省有色工业建筑质量检测站有限公司工作，他用"成长型"心态工作，在工作中不断加强学习，鞭策自己迅速"成长"，用5年的时间从检测员成长为试验检测师，从试验室主任晋升为公司管理层，长期在工程检测一线岗位上实践探索，陆续考取了道路工程试验检测师、注册土木工程师等国家职业资格证书，2021年代表公司参加某省第二届职业技能大赛土工试验员竞赛，荣获第二名并获得"某省技术能手"称号，成就了他职业生涯的高光时刻。

知识点 5　职业价值观

价值观是个体按照自己所理解的重要性，对事物进行评价与选择的标准，是指一个人对于人、事、物的看法或原则，是个体认识和处理事务的一套价值体系，即在生活和工作中所看重的原则或标准，它支配着个体的行为、态度、观察、信念、理解等，指导个体认识世界，明白事物对自己的意义，有助于个体进行自我了解、自我定向、自我设计等。

职业价值观是指人生目标和人生态度在职业选择方面的具体表现，也就是一个人对职业的认识和态度，及其对职业目标的追求和向往。它是一种具有明确的目的性、自觉性和坚定性的职业选择的态度和行为，对一个人职业目标和择业动机起着决定性的作用。

价值观是影响职业生涯决策的重要因素之一，并且与随后的工作满意度有关。当人们依循自己的价值观生活时，会获得最大限度的幸福感和自尊感。职业价值观决定了个体的职业期望，影响个体对职业方向和职业目标的选择，决定个体就业后的工作态度和劳动绩效水平，从而决定了个体的职业发展情况。

案例 3-1-5

"杂交水稻之父"袁隆平的职业价值观

袁隆平以"杂交水稻之父"的美誉名扬天下，作为"中国最著名的农民"，他精通田间地头的每一样活计，一身泥土气息，却是地地道道的城里知识分子出身。他在生活中是个率性而为，排球、游泳、下棋、打牌、小提琴样样精通的"老顽童"。

袁隆平先生是憨厚质朴的农民兄弟心目中的"米菩萨""神农"，是外国同行眼里的学术权威。国际小行星协会专门为他命名"袁隆平星"，他以"袁氏精神"感动中国……他每到一处，人们都如追星般蜂拥追逐。"我种的水稻要像高粱一样高，米粒要像花生米一样大，而我和我的伙伴们要在禾荫下乘凉"，这就是袁隆平的"禾下乘凉梦"。

知识点 6 职业世界

职业是一种很普遍的社会现象，是人类社会生产力发展到一定阶段的必然产物，是伴随着社会分工的产生而出现的。"职业"一词，更多的是指一种事业。对于职业的含义，不同的专家都有着不同的理解。

从广义的职业范畴来看，职业是指个人在社会生活中所从事的作为主要生活来源的工作。而从狭义的职业范畴来看，职业是人们为了谋生和发展而从事的相对稳定的、有收入的专门类别的社会劳动，即人们所获得的一系列社会位置。它是人们的生活方式、经济状况、文化水平、行为模式、思想情操的综合反映，也是一个人的权利、义务、权力、职责和地位的一般性表征。

对职业世界的了解包含以下几个方面。

（1）社会环境分析

社会环境分析就是对自身所处的政治环境、经济环境、法治环境、科技环境、文化环境、教育环境、历史环境等宏观因素所进行的分析。

（2）行业环境分析

行业一般是指按生产同类产品或具有相同工艺过程及提供同类劳动服务划分的经济活动的类别，如饮食行业、服装行业等。行业环境分析包括对目前从事或拟从事的目标行业的环境分析。其内容应包括行业的发展状况、国际和国内重大事件对该行业的影响、目前行业的优势与问题、行业发展趋势等。

（3）企业环境分析

企业环境可以分为企业实力、企业领导人、企业文化和制度三个方面。包括用人单位的声誉和形象是否良好？企业实力怎样？在本行业中的地位、现状和发展前景怎样？所面对的市场状况如何？产品和服务在市场上的发展前景怎样？能够提供哪些工作岗位？有无良好的培训机会？企业领导人怎样？企业管理制度怎样？企业文化是否与自己吻合？福利待遇是否完善？

案例
3-1-6

跨界探索，"新职业"有更多可能

密室逃脱设计师这一职业，在小赵看来，和传统文学创作有些类似，就是要讲好一个故事，让顾客走进密室就像打开了一本书，而自己便是"书中人"。对于理工科出身的小赵来说，这并不是件易事。他调研了几家北京密室逃脱店，想做出些与众不同的设计，又从悬疑小说、爱情电影、战争故事中寻找灵感，写出了第一个悬疑剧本。"刚开始，只写了几千字的主线故事，就开始一边布置实景场地，一边创作具体剧情，写完得有10万字。"小赵比画了一下，剧本草稿约有3cm厚。

如果说剧本创作尚有迹可循，而如何在一间或几间密室中创造出沉浸式的实景体验对小赵以及很多从业者来说，是一次新的探索。因为和文学创作不同，密室逃脱剧情设计要在有限的空间、角色中实现，需要根据实景场地来规划场地空间和玩家路线，还要撰写文案和谜题，与工程施工方对接密室中涉及的机关需求等。

在设计前期，因为语言很难充分描绘设计思路，小赵就自己找视觉参考，还手绘了部分示意图；游戏中所有机关特效的控制系统，也是由他敲代码敲出来的；还要现场盯着场地施工，"处处都要注意，比如说场景是否贴合剧情设定？机关的固定方式是否牢固，会不会被玩家一拽就坏？"现在的小赵几乎没了休息日，因为这些完全要靠自己去摸索。

　　某经济研究院牵头发布的《2019年生活服务业新职业人群报告》显示，随着生活服务业的转型升级，加之新职业时间自由、收入高、灵活度大等因素，更多的毕业生开始积极投身新职业。在不知道自己想要干什么时，那就先干起来，要尝试、实践，而非一味逃避。这种尝试、探索最好能在大学期间完成，大学绝不仅是在课堂上学知识，还要多参与社会实践，探索外部职业世界的同时，其实也是在不断认识自己。

能力训练

训练 ① 用 360 度评估法探索自我

1.训练情境

通过自我评价、他人评价（问卷调查、现场咨询等的方式），了解别人眼中的自己。

2.训练要求

采用 360 度自我评估法，完成自我评价和他人评价。要求能实事求是地剖析和总结自己的优势和缺陷。

3.训练过程

首先对自身的优点和缺点进行自我评价，然后邀请家人、同学、好友、老师、社会人士对自己的优点和缺点进行评价，最后对评价结果进行总结。

4.训练成果

用 360 度评估法探索自我的训练过程及其成果请填入表 3-1-1。

表 3-1-1　用 360 度评估法探索自我的训练过程及其成果

评价人	优点	缺点
自己		
家人		

（续）

评价人	优点	缺点
同学、好友		
老师		
社会人士		
总结		

训练❷ 探索职业兴趣——岛屿游戏

1.训练情境

假如你获得了一次免费度假的机会，到下列六个岛屿中的一个，唯一的要求就是你必须在岛上待至少半年的时间，看看你最想去什么地方。

1）A岛为自然、原始的岛屿。岛上保留着热带的原始植被，自然生态保持得很好，也有相当规模的动物园、植物园、水族馆。岛上居民以手工见长，自己种植花果蔬菜、修缮房屋、打造器物、制作工具。

2）B岛为适合深思、冥想的岛屿。岛上人迹较少，建筑物多僻处一隅，平畴绿野，适合夜观星象。岛上有多处天文馆、科博馆及科学图书馆等。岛上居民喜好沉思，追求真知，喜欢和来自各地的哲学家、科学家、心理学家等交流心得。

3）C岛为美丽、浪漫的岛屿。岛上建有许多美术馆、音乐厅，弥漫着浓厚的艺术文化气息。同时，当地的居民还保留了传统的舞蹈、音乐与绘画，许多文艺界的朋友都喜欢来这里寻找灵感。

4）D岛为温暖、友善的岛屿。岛上居民个性温和、十分友善、乐于助人，社区均自成一个密切互动的服务网络，人们多互助合作，重视教育，弦歌不辍，充满人文气息。

5）E 岛为显赫、富庶的岛屿。岛上居民热情豪爽，善于企业经营和贸易。岛上的经济高度发展，处处是高级饭店、俱乐部、高尔夫球场，来往者多是企业家、经理人、政治家、律师等。

6）F 岛为现代、秩序井然的岛屿。岛上建筑十分现代化，是进步的都市形态，以完善的户政管理、地政管理、金融管理见长。岛上居民个性冷静保守，处事有条不紊，善于组织规划，社会秩序井然有序。

你对某种职业给予优先注意，并向往之，是兴趣在职业方面的表现。本训练将通过完成游戏来探索你的兴趣是由哪些倾向组合而成。

2. 训练要求

不考虑其他因素，仅按照自己的兴趣和喜欢程度挑出你最想前往的三个岛屿。不同的人有不同的兴趣，不同的职业也需要不同的兴趣特征。例如一个擅长技能操作的人，靠灵巧的双手，在技能操作领域可以得心应手，但如果硬要自己将兴趣转到对理论知识的研究上来，可能就会感到无用武之地。正是这种兴趣上的差异，构成你选择职业的重要依据。通过完成下面的游戏，来帮助大家认知和探索自己的兴趣特征，强化自我认知，瞄准职业兴趣。

3. 训练过程

就以上资料，首先回答你最想前往的是哪三个岛屿（说出理由），再分析得出你的霍兰德代码是什么，最后通过分享找到与你有共同兴趣爱好的人。

4. 训练成果

问题 1：按顺序挑选出最想前往的三个岛屿，并写出选择理由，填写表 3-1-2。

表 3-1-2　你最想前往的三个岛屿及其理由

序号	优点	缺点
1		
2		
3		

问题2：每个岛对应着霍兰德代码中的一种职业，A岛对应的是现实型（R）；B岛对应的是研究型（I）；C岛对应的是艺术型（A）；D岛对应的是社会型（S）；E岛对应的是企业型（E）；F岛对应的是传统型（C）。转换之后，你的霍兰德代码是_____。请按你的第一选择岛屿分组就座。

问题3：同一岛屿的人交流自己为什么选择这个岛屿，大家有什么共同的兴趣爱好，归纳出关键词。

小组名称或代号_____。

小组成员_____。

共同兴趣_____。

关键词_____。

问题4：每个小组请一位同学用2分钟时间向全班分享成员的共同特点。

训练③ 探索职业性格

1.训练情境

MBTI性格类型理论以荣格的人格分类理论为基础，由美国心理学家凯瑟琳·布里格斯和她的女儿心理学家伊莎贝尔·布里格斯提出。与其相对应的MBTI职业性格测试是目前应用最为广泛的职业性格测试。

2.训练要求

正确合理地运用MBTI性格类型理论分析了解自己的思维方式和行为习惯。

3.训练过程

从能量获取、信息收集、分析判断和生活方式四个维度测试考察自己的偏好（见表3-1-3），每个维度具有两种偏向，偏向无好坏之分。思考每个维度对于偏向的描述，哪个更符合自己。

表3-1-3　MBTI职业性格类型测试表

维度一　能量获取的方式	
内倾型 I	外倾型 E
喜欢沉浸在自己的世界里	喜欢与朋友聚会聊天
喜欢安静	喜欢热闹
从独处中获得能量	从与他人的互动中获得能量
思考之后行动	行动之后思考

（续）

维度一　能量获取的方式	
内倾型 I	外倾型 E
喜欢书面交流	喜欢面对面交流
常被人说"你能不能从自己的世界出来一下"	常被人说"你能不能安静一下"
对周围的环境有所防备，喜欢做观察者	积极主动地接触周围的环境，喜欢做参与者

维度二　信息收集的方式	
感觉型 S	直觉型 N
着眼于现实	着眼于未来
重视现实性和常规情况	重视想象力和独创力
关注具体性和特殊性，善于细节描述	关注普遍性和象征性，使用隐喻和类比
循序渐进的工作方式	跳跃性的工作方式
看重常规，相信确定有形的事物	不拘常规，相信灵感和推断
倾向于观察具体事件	倾向于把握事件的全局
偏好已知事物	偏好新的思想观念

维度三　分析判断的方式	
思考型 T	情感型 F
对问题进行非个人因素的分析	考虑行为对他人的影响
公正，坚定，怀疑	温和，同情，体贴
倾向于分析性和逻辑性的工作方式	倾向于和自己的情感一致的工作方式
行为简洁、经济、带有批判性	行为期望他人认同
喜欢合理的结果	喜欢和谐的结果
喜欢质疑、喜欢争论	愿意接纳、愿意容忍
注重原则	注重他人的感受

维度四　生活方式	
判断型 J	知觉型 P
行为有组织性和系统性	行为保持开放性
时间观念严谨，认真对待最后期限	时间观念宽松，经常变动最后期限
看重工作结果	看重工作过程
倾向于解决问题	倾向于使问题带有弹性
认真完成预设目标	在获取新信息的过程中不断改变目标
喜欢制定计划和时间表	喜欢随性灵活
很少迟到	经常迟到

4. 训练成果

经过四个维度自查，你的 MBTI 职业性格类型适合的职业：1. _____、2. _____、3. _____、4. _____，得到了一串性格代码，那么这个代码代表的是怎样的性格呢？这样的性格又适合怎样的职业呢？请参考表 3-1-4。

表 3-1-4　16 种人格气质类型表

稽查员 （ISTJ）	保护者 （ISFJ）	咨询者 （INFJ）	智多星 / 科学家 （INTJ）
操作者 / 演奏者 （ISTP）	作曲家 / 艺术家 （ISFP）	治疗师 / 导师 （INFP）	建筑师 / 设计师 （INTP）
督导 （ESTJ）	供给者 / 销售员 （ESFJ）	教师 （ENFJ）	统帅 / 调度者 （ENTJ）
发起者 / 创设者 （ESTP）	表演者 / 演示者 （ESFP）	倡导者 / 激发者 （ENFP）	企业家 / 发明家 （ENTP）

训练 4　探索职业能力，撰写成就故事

1. 训练情境

撰写成就故事是探索个人职业技能的常用方法，个人通过讲述个人经历、职业发展、克服困难的故事，以此来展示个人的成长、成就和对生活的积极态度，进而了解个人的职业能力。

2. 训练要求

1）真实性。故事应该是基于真实经历的，不能是虚构的故事。

2）具体性。尽量使用具体的例子和数据来支撑故事。

3）情感性。通过故事表达个人的情感和态度。

4）启发性。故事应该能够启发自己，鼓励自己在面对困难时也能坚持梦想，积极生活。

3. 训练过程

回忆一下曾取得的成就，想想曾做过自认为比较成功的感觉很不错的事情，比如价值、商业活动、学业成绩、课外活动、领导、人际、音乐、艺术、运动、写作、研究、社团、爱好、旅游、家庭活动等。

4. 训练成果

探索职业能力，撰写成就故事的训练过程及其成果请填入表 3-1-5。

表3-1-5　探索职业能力，撰写成就故事的训练过程及其成果

我的成就故事

撰写的内容包括想达到的目标，即需完成的事情，面临的障碍、限制或困难，具体的行动步骤，对结果进行描述，即取得了什么成就。

1.

2.

3.

4.

5.

6.

7.

8.

"我做得很好"的是＿＿＿＿＿＿＿＿＿＿＿＿＿＿＿＿＿＿＿＿＿＿＿＿＿。

"我可以做，但不是很好"的是＿＿＿＿＿＿＿＿＿＿＿＿＿＿＿＿＿＿＿。

"我只要努力，可以做得好"的是＿＿＿＿＿＿＿＿＿＿＿＿＿＿＿＿＿。

"不是我的能力之一"的是＿＿＿＿＿＿＿＿＿＿＿＿＿＿＿＿＿＿＿＿。

对于所需提升的＿＿＿＿＿＿＿＿技能，我打算＿＿＿＿＿＿＿＿＿＿＿＿。

训练 5　探索职业价值观

1. 训练情境

畅想理想的职业生活，根据自我的理想状态，来描述未来职业的可能，进而发现内在的职业价值观念。

2. 训练要求

运用第一直觉给出的答案，不要思考太久，尽量描述足够多的信息，保证畅想职业的完整性。

3. 训练过程

用200字左右描述我理想中的职业生活。例如我想做什么性质的工作？在什么地方工作？和什么人一起工作？每天工作的时间如何分配？工作的内容是什么？收入如何？社会地位如何？能提供什么我所需要的东西？工作的发展前景如何？

4. 训练成果

探索职业价值观的训练过程及其成果请填入表3-1-6。

表 3-1-6　探索职业价值观的训练过程及其成果

我理想的职业生活
我希望从工作中得到什么？请在 5 分钟内尽可能多地写下头脑中能联想到的词语。

在上面的词语中，有哪些与以下 15 项价值观接近（利他助人、美的追求、创造性、智力激发、独立性、成就感、声望地位、管理权力、经济报酬、安全感、工作环境、上司关系、同事关系、变异性、生活方式），根据自己的感觉，将感觉最强烈的价值观按重要程度由高至低排列，挑选出自己认为最重要的 5 项价值观。完成表 3-1-7。

表 3-1-7　价值观排序表

排序	价值观	符合价值观的工作
第 1 位		
第 2 位		
第 3 位		
第 4 位		
第 5 位		

拓展训练

拓展训练 1：扫描二维码，在线完成 20 道理论知识训练题。

拓展训练 2：根据《中华人民共和国职业分类大典》，分析自己所在专业与可能从事的职业和岗位的关系。

训练题3.1

拓展训练 3：案例分析。

小吴，22 岁，女，音乐学专业（钢琴演奏方向）2019 届毕业生。自小父母离异，在单亲家庭中跟随母亲长大，母亲希望小吴找个稳定的工作，过上稳定的生活。在大学期间，小吴学习成绩优异，积极参加班级与学校组织的活动，并多次获得优秀奖学金、国家励志奖学金等奖项，获得了"三好学生""优秀班干部"等荣誉称号。这些经历使她成为老师眼中的好学生，同学心目中的好榜样。大学四年里，她担任过班干部、辅导员助理，也因此有了丰富的社会实践经验，在大三下学期期末时，她看到学校关于学生兼职辅导员招聘通知，于是报名参加了学校组织的面试考核，家人也支持其在这个实习岗位平台上锻炼，能为以后走向辅导员岗位奠定基础，于是小吴在学校做了一段时间的学生兼职辅导员。然而即将毕业的她对未来的就业方向产生了很大的困惑。

看到周围的同学都在积极准备考研或者就业，小吴陷入了迷茫。在考研和就业方面有些犹豫不决。如果提升学历考取硕士研究生，未来就业前景将更加广阔。但为了减轻家庭负担，她又想尽快就业，如果就业，究竟是应该从事本专业，做一名音乐老师？还是做一名辅导员呢？她感到很迷茫，不知道自己该何去何从，希望通过咨询，进一步了解自己，做出合理的决策，找到未来的发展方向。

根据上述案例，分析回答以下问题。

1）小吴现在的主要问题是什么？

2）对于小吴现在遇到的问题，解决思路是什么？

3）请你拟定一份计划，帮助小吴找到生涯方向。

任务 3.2 规划职业生涯，走向职业发展通途

学习目标

1. 理解职业规划的内涵与原则，掌握个人职业生涯规划的方向、目标和路径。
2. 能明确职业路径应具备的职业能力，对照目标职业路径制定相应的提升计划。

引导案例

小明的职业生涯困惑

高职院校轨道交通专业毕业班学生小明，专业行业特色明显，就业方向相对明确，他身边的很多同学都通过学校的订单人才培养项目进入了粤港澳大湾区的地铁企业上班，但他父亲希望他参加专升本继续读书，母亲则希望他先回家乡考取当地的公务员岗位，同时在职提高学历，也有已应征入伍的学长建议他可以考虑入伍参加国防建设。对于各种建议，小明很茫然，一时不知如何选择和决策。

案例思考：小明的职业困惑对于当前的大学毕业生来说经常会碰到。职业规划对解决这些困惑有什么作用？

案例启示：没有制定适合自己的职业规划发展路径，容易走很多弯路，也会错失很多机会，将资源、时间等都浪费在不是最优的方面。在校大学生应从一年级开始做职业规划，可提前明晰这些问题，有效进行职业生涯路线的最优选择。

基本知识

为贯彻落实党中央、国务院关于高校毕业生就业工作的决策部署，落实《国务院关于印发"十四五"就业促进规划的通知》（国发〔2021〕14号）精神，应加强高校学生生涯教育和就业指导，增强大学生生涯规划意识，指导其及早做好就业准备，促进高校毕业生高质量充分就业。

知识点 ❶ 明确职业生涯目标

职业生涯目标是指学生在选择的职业领域内将来的某一时间点上所预计要达到的

具体目标，生涯目标是职业生涯规划的重要核心内容之一，也是职业行动的风向标。对于大学生而言，职业生涯目标有着多维度的内涵，按照标准的不同可以进行不同类型的划分，具体如下。

1. 以时间为标准划分目标

可以将职业生涯划分为人生目标、长期目标、中期目标、短期目标四种。人生目标一般不适用于具体化的规划。长期目标一般指时间为 5 年或 5 年以上的规划，容易受人生目标影响，但更多的是需要考虑长期目标的确定是否与价值观、个人兴趣以及目标实现的可行性等相匹配。中期目标则以 3~5 年为时间划分，要与长期目标相对应，也要结合短期目标的规划。短期目标通常是指每日、每周、每月、每季、每年的目标，是中期目标和长期目标的具体化、现实化和可操作化体现。对于大学生而言，首先要根据个人的专业、性格、气质和价值观以及行业的发展趋势确定自己的人生目标和长期目标，然后再把人生目标和长期目标进行分解，根据个人的经历和所处的组织环境制定相应的中期目标和短期目标。

2. 以职业发展为标准划分目标

在校期间可以按不同的年级确定目标，也可以按照具体的学习或工作内容划分自己的目标，毕业时可以将职业发展划分为实习目标、就业目标、升学目标、创业目标和入伍目标等多种，按就业去向又可将职业发展划分为考公目标、企业就业目标、基层就业目标等。

在确定以上各种类型的职业生涯目标后，就要制定相应的行动方案来实现它们，把目标转化成具体的方案和措施。职业不仅是大学生生活的基础，更重要的是它能体现出每个人存在的价值。因此，大学生在大学一年级开始制定属于自己的职业生涯规划是十分必要的，而制定职业生涯规划也需要遵循一定的原则，对自己有充分认知和准确的定位。

知识点 2 选择职业路径

1. 就业路径探索

高校毕业生是国家宝贵的人才资源，应深入学习贯彻习近平新时代中国特色社会主义思想和党的二十大精神，全面落实党中央、国务院对高校毕业生就业创业工作的决策部署，不断完善高校毕业生就业创业服务体系，全力促进高校毕业生高质量充分就业。

（1）校园招聘会

校园招聘是企业寻找合适人才的重要途径，也是大学生就业的重要渠道。高等院校每年会举办多场校园招聘会，有综合类专场、专业群专场、校友专场和线上专场等不同类型。校园招聘会对于促进学生就业和企业招聘具有积极的作用，需加强沟通和合作，提高岗位匹配度，以满足企业和学生的需求。

（2）订单班人才培养

校企协同制订专业人才培养方案，合作开发教学资源，将企业技术规范、岗位职业能力融入学校人才培养实施过程中，职业能力分层递进培养、行业企业资格标准对接，建立起"专业教学标准＋课程标准＋顶岗实习标准＋职业资格鉴定标准"的人才培养质量标准体系，使学校专业建设有据可依。以行业驱动专业建设，校企协同开展专业人才培养，以标准体系控制人才培养质量。

案例 3-2-1

校企协同育人，深化订单培养

当前轨道交通行业不断转型升级，在大力发展智慧交通，推动大数据、互联网、人工智能、区块链、超级计算等新技术与轨道交通深度融合的形势下，轨道交通行业将更加重视高素质人才、专业化人才的培养和信息化知识的普及教育。某市轨道交通发展有限公司与高职院校签订校企合作协议，开始在城市轨道交通类专业进行人才培养、课程建设、师资培养、社会培训等方面的深度合作，共同培养粤港澳大湾区轨道交通技术技能人才。轨道交通企业与学校开展现代学徒制人才培养，在城市轨道交通运营管理、城市轨道车辆应用技术专业建立学徒制班，同时开展大规模订单招聘。

（3）探企研学

通过开展探企研学活动，让在校大学生走进知名企业，开启对企业和城市人文环境的感知之旅，让学生亲身体验了解企业文化、工作环境。为了让在校大学生就业前对企业有更清晰的了解，企业还安排宣讲会详细介绍企业的创办历程、发展前景、人才需求等情况。通过探企研学活动，走进行业领先企业，近距离感受新技术、新工艺等最新技术成果，对大学生的专业技能学习和职业生涯规划有很大帮助。

2.升学路径探索

职业院校学生提升学历有多种途径，常见的有普通专升本、成人高考、自学考试和开放大学。每种途径都有其优点和缺点，需要根据自己的具体情况来决定。专科学历是可以报考在职研究生的，根据各院校的招生政策和不同的专业类别来看，专科毕业生必须满足一定的学历要求和工作年限要求才能报考研究生。

（1）普通专升本

根据教育部相关文件精神，从 2021 年起，"普通高等学校本科插班生招生"更改为"普通高等学校专升本招生"，简称"普通专升本"。考生入学后大部分不是插入本科专业三年级学习，而是单独编班进行教学管理。这是专科生进入普通本科院校内全日制就读的唯一途径，其毕业证性质为普通高等院校本科全日制毕业证书。目前普通专升本大多实行"2+1+1"考试科目组，分别为 2 门公共课 +1 门专业基础课 +1 门专业综合课。

退役大学生士兵专升本实行招生计划单列，按照教育部、中央军委国防动员部有关文件精神，从 2022 年招生起，高职（专科）毕业生及在校生（含高校新生）应征入伍，退役后完成高职（专科）学业的，可申请参加相关高校的退役大学生士兵免试专升本招生。原则上符合条件的退役士兵在应征入伍地申请参加普通专升本免试招生。

（2）考取研究生

现今高学历人才较多，许多专科学历者在就业选择、职场晋升等方面失去了竞争优势，于是考研成为提升自身综合实力和职业竞争力，获得更好的职业发展前途的途径之一。

第一种是专科毕业满 2 年可按本科同等学力身份报考取普通研究生，即全日制研究生。

第二种是专科毕业满 5 年可以报考非全日制研究生的管理类专业，或毕业满 2 年按本科同等学力身份报考非管理类专业。

第三种是专科学历先通过正规途径专升本，获得本科学历后再考研。

案例 3-2-2

升学无止境

小达用 10 年铺筑了专本硕博的求学路。走进大学后，他一刻也没有放松，"让优秀成为一种习惯"成为他的目标。大一时他加入了计算机网络专业工作室，参与老师的科研团队，开展专业课程研究工作；大二他当上了助理班主任，为师弟师妹们解惑引路；大三他参加了多项技能竞赛，并顺利升本。看似平平无奇的大学经历，却是他认认真真追梦的第一步。小达经过重重努力，本科两年后又考上了硕士、博士，从网络工程师转型为人工智能领域的研究人员。一路走来，小达愈发表现出坚强和自信、执着和勇气、达观和内敛。本科的历练，发现了自身许多方面的不足；硕士的成长，打开了自己所向往的生活；博士的沉淀，更多是源于内心的热爱与兴趣。

3. 创业路径探索

纵深推进大众创业、万众创新是深入实施创新驱动发展战略的重要支撑，大学生是大众创业、万众创新的生力军，支持大学生创新创业具有重要意义。近年来，越来越多的大学生投身创新创业实践，但也面临融资难、经验少、服务不到位等问题。为有效推动这些问题的解决，国务院办公厅 2021 年 9 月发布了《关于进一步支持大学生创新创业的指导意见》国办发〔2021〕35 号，从提升大学生创新创业能力、优化大学生创新创业环境、加强大学生创新创业服务平台建设、推动落实大学生创新创业财税扶持政策、加强对大学生创新创业的金融政策支持、促进大学生创新创业成果转化、加强大学生创新创业信息服务等方面提出了明确指导意见。

4. 基层就业项目路径探索

基层就业项目包括"三支一扶""西部计划""山区计划""展翅计划""城乡社区专项计划""大学生乡村医生专项计划""乡村振兴行动"等。

根据国务院常务会议和全国高校毕业生就业工作会议精神，从 2003 年起，团中央、教育部、财政部、人力资源和社会保障部联合实施大学生志愿服务西部计划，每年招募一定数量的普通高等学校应届毕业生或在读研究生，到西部基层开展为期 1~3 年的志愿服务。2023—2024 年度，西部计划实施乡村教育、服务乡村建设、健康乡村、基层青年工作、乡村社会治理、服务新疆、服务西藏 7 个专项。西部计划实施 20 年来，已累计招募派遣 46.5 万余名大学生志愿者在 2000 多个县（市、区、旗）基层服务。

以广东省为例，自 2021 年起，经广东省政府常务会议研究同意，团省委、省文明办、省委农办、省发展改革委、省教育厅、省科技厅、省财政厅、省人力资源和社会保障厅、省农业农村厅自 2021 年起实施"广东高校毕业生志愿服务乡村振兴行动"，分 4 年招募 1 万名志愿者到粤东粤西粤北地区及肇庆市、惠州市的乡村，按照乡村振兴战略部署，围绕产业振兴、人才振兴、文化振兴、生态振兴、组织振兴五大方面，开展乡村振兴志愿服务工作，服务期原则上为 2~3 年。

5. 应征入伍路径探索

做好高校学生参军入伍工作，是新时代加强国防和军队现代化建设、依托国民教育为部队培养输送高素质人才的必然要求，是发挥军队资源优势促进青年学生成长成才的重要举措，是高校的政治责任。应深入贯彻落实全国大学生征兵工作网络视频会议精神，吸引更多高素质高校学生参军入伍，切实提高征集高校学生特别是毕业生入伍的数量和质量。大学生参军入伍目前主要有以下激励政策。

1）提高退役大学生士兵专升本录取比例。高职（专科）学生应征入伍服义务兵役退役，在完成高职学业后参加普通本科专升本考试，实行计划单列。

2）进一步落实放宽退役大学生士兵复学转专业限制。除定向生、委培生外，大学生士兵退役后复学，按学校有关规定在当年开放转专业的专业和人数范围内，不受专业门槛、成绩、学科限制，优先转入本校其他专业学习。

3）进一步完善研究生升学政策。普通高校应届毕业生应征入伍服义务兵役退役后3年内参加全国硕士研究生招生考试，初试总分加10分，同等条件下优先录取。在部队荣立二等功及以上的，符合研究生报名条件的可免试（指初试）攻读硕士研究生，拥有硕士研究生推免资格的高校，每年安排不低于2%的推免生招生计划，专门招收本校应届毕业的退役大学生士兵免试攻读硕士研究生。

4）学生退役复学后，可免修体育、军事技能、军事理论以及相关公共选修课程，具体课程以及课程赋分办法由各高校制定，课程赋分要体现激励性。

知识点 3 职业生涯决策

1.职业生涯决策的概念

职业生涯决策是指初步确定可能的职业生涯道路，搜索职业生涯信息，比较各种可能选择的职业生涯道路，最终选择一条适合自己的职业生涯道路的决策过程。它是个人根据各种条件，并经过一系列准备工作以后进行的目标决定，以及为实现目标而制定优选的个人行动方案。职业决策是一个过程，而不单单是一种结果。

职业生涯决策是职业生涯规划的重要组成部分，是综合了个人对自我的认识，以及对教育与职业等外在因素的判断后，面临生涯抉择情境时所做的各种反应。

影响大学生职业生涯决策的具体内容见表3-2-1。

表3-2-1 影响大学生职业生涯决策的具体内容

决策因素	具体内容
行业选择	根据行业的性质，可以分为主要行业、次要行业和辅助行业。主要行业包括农、林、牧、渔业，采矿业，制造业，电力、热力、燃气及水的生产和供应业，建筑业，批发和零售业，交通运输、仓储和邮政业，住宿和餐饮业，信息传输、软件和信息技术服务业，金融业，房地产业等
具体工作	在行业中选择其中一种工作
获得工作的策略	选择适合的策略去获得某一特定的工作
多个机会筛选决策	比如一场面试下来，会获得数个录用机会，最后只能选择其中一个工作

（续）

决策因素	具体内容
工作地点选择	工作地点主要影响因素有地理位置、工作机会和行业发展、工资水平和生活成本、个人偏好和价值观念等
工作形式	比如根据个人的性格选择销售工程师或技术工程师
晋升发展的方向	职务的升迁或职业能力的提升目标

2. SWOT 分析

SWOT 分析是职业生涯决策中经常使用的功能强大的分析工具。它通过调查列举与研究对象密切相关的内部优势、劣势和外部的机会和威胁，并依照矩阵形式排列，然后用系统分析的思想，把各种因素相互匹配起来加以分析，从中得出一系列相应的结论，而这些结论通常带有一定的决策性，利用这种方法可以从中找出对自己有利的因素，以及对自己不利的、要避开的东西，发现存在的问题，找出解决的办法，并明确以后的职业方向。

SWOT 分析的四个字母分别代表：

➤ S 代表优势（Strengths），指个人内在的优势，如技术优势、市场地位、管理能力等。

➤ W 代表劣势（Weaknesses），指个人内在的劣势，如管理不善、技术落后、市场份额小等。

➤ O 代表机会（Opportunities），指外部环境可能存在的机会，如市场需求的增长、竞争对手的失误等。

➤ T 代表威胁（Threats），指外部环境可能存在的威胁，如行业竞争的加剧、政策法规的改变等。

SWOT 分析可以帮助个人清晰把握与目标相关的外部和内部的环境与资源，从而制定相应的发展战略、计划以及对策。

知识点④ 提升职业素养

职业素养是整个职业稳定发展和忠诚度保证的核心，也影响着职业岗位及职业生涯的发展。职业生涯发展的条件和环境对于提高大学生职业生涯发展的效率和效益是至关重要的。

1. 职业素养的核心内容

职业素养包括职业信念、职业知识技能、职业行为习惯等。

职业信念是职业素养的核心，包括良好的职业道德、正面积极的职业心态和正确的职业价值观意识，是一个成功职业人必须具备的核心素养。良好的职业信念应该包含爱岗、敬业、忠诚、奉献、正面、乐观、用心、开放、合作等内容。

职业知识技能是做好职业应该具备的专业知识和能力。要把一件事情做好，就必须掌握相关的知识技能，坚持不断地关注行业的发展动态及未来的趋势。同时具备沟通协调能力，懂得上传下达，左右协调，从而做到事半功倍，掌握其他的基本技能，如职场礼仪、时间管理及情绪管控等。

职业行为习惯是在职场上通过长时间地学习、改变、形成而最后变成习惯的一种职业综合素养。

2. 企业对人才职业素养的要求

（1）爱岗敬业，树立良好的工作心态

对承担的职责和任务，毫不怠慢、一丝不苟、精益求精、不折不扣地去做，以圆满完成任务。

（2）有责任心，对企业忠诚

把企业的事看成自己的事情去做，把企业的发展同自己的发展联系在一起，与企业共同进步、共同发展，保持一颗对企业忠诚的责任心。

（3）精通业务

每个人的学历、素质、经验、专长、特长可以不同，但对其本职的业务必须认真钻研，掌握一定的技能业务能力强还表现在办事果断，勇于承担责任，及时妥善处理问题，具有一定的应变能力，办事干净利落。

案例 3-2-3

职业知识技能的重要性

各类职业院校技能大赛是我国职业教育的一项重大制度设计和创新，在引领"三教"改革、提高技术技能人才培养质量、促进高质量就业、服务经济社会发展、助力中外职业教育交流合作等方面发挥了重要作用。

小宇是高职院校汽车专业的毕业生，现为某汽车工程研究院技术工程师，在工作中，他耐心专注，精益求精，有着明确的目标并在奋斗的道路上努力前行，不断探索，积极参加企业组织的各类技能比赛并获奖无数。这些都得益于他在大学时加入巴哈车队的经历，他作为队长带领团队获得全国职业院校组二等奖等多个全国奖项，赛车也作为展品参加全国性改装车展（CAS）。

知识点⑤ 撰写职业生涯规划书

1. 自我认知与定位

自我认知与定位是大学生职业生涯规划的基础，也是能否获得可行性规划方案的重要前提，相关的内容可以通过自我评价、他人评价和测评系统来完成。自我评价主要是自己进行客观的自我审视对照、自我思考，为自己做出一个比较客观的评价。他人评价主要是通过询问周围亲朋好友对自己的了解，或通过填写调查问卷或访谈等形式得到相关信息。通过性格等测评系统来进行人才测评是当前比较科学的自我认知方法，适用范围较广。通过自我评价、他人评价和测评系统可以清楚自己的职业兴趣、职业能力、个人特质、职业价值观、胜任工作的能力，可以凭此依据选择合适的职业岗位并决定职业路线。

2. 职业环境分析

大学生的职业生涯想要发展得好，需要依赖组织环境的条件和资源，同时也受社会、经济、政治、文化和科技环境的影响。环境因素决定着大学生职业生涯的发展空间和发展条件、机遇和威胁。在撰写大学生职业生涯规划书之前，必须认真进行环境分析，可以通过访谈、文献搜索、调查等多种形式，对自己的家庭环境、学校环境、与自己期待的相关职业的社会环境、行业环境、地域环境、企业环境、职业环境等进行分析。

3. 确立职业生涯目标

职业生涯发展目标主要指大学生自己在未来的职业发展方向，是职业生涯的方针和纲领。职业生涯目标的确立是职业生涯规划的核心，应当建立在自我评价、环境认知和自我定位的基础上，总之务必要做到符合自身特点、符合组织和社会需求，同时也要将长期和短期目标适当结合，协调统一生活目标、职业目标、学习目标等。

大学生应该首先确立一个适合自己的长远目标，树立职业理想。在此基础上，确定大学期间的学业目标，制订学习的成长规划，再分解制订学年计划、学期计划，而后细化为切实可行的短期计划。学年、学期计划和短期计划务必具体、切实可行，应包括实现计划的步骤、方法与时间表等。

4. 制订行动方案

在明确职业生涯目标后，需要有相应的行动方案来实现它们，把职业目标转化成具体的方案和措施。制订行动方案要考虑的主要问题包括为达到目标，在专业学习方面，需要学习哪些具体知识，需掌握哪些技能，提高哪些实际操作能力；在实践方面，应采取哪些措施来提高工作效率，需要累积哪些实践经验；在能力提升方面，通过哪些措施来提高何种能力。这些要点都要有相应的表格进行跟踪，以便定时进行检查和纠偏。

对大学生来说，这一步骤中最重要的是与职业生涯目标匹配，制订出相对应的教育和培训计划。对于已经制订的计划，要认真思索并实现它，尽自己最大努力做得更好。比如，学习某方面的专业知识，是选择系统学习，还是咨询专家、听讲座，或是参加社会实践，应力求寻找出最有效的方案。方案的制订因人而异，因专业和学科而异，因环境而异，必须视具体情况做出具体分析，适合自己的方案才是最重要的。

5. 撰写职业生涯规划书

职业生涯规划书的撰写要建立在以上几个步骤的基础之上，需要有充分准备，对相关调研到的数据要做好提前分析。自 2023 年开始举办全国大学生职业规划大赛，通过大赛，努力打造强化生涯教育的大课堂、促进人才供需对接的大平台、服务毕业生就业的大市场，加强高校生涯教育和就业指导，增强大学生生涯规划意识，指导大学生及早做好就业准备，更好地促进高校毕业生高质量充分就业。

能力训练

训练① 探索毕业后的职业发展路径

1. 训练情境

考查学生职业发展规划的科学性和围绕实现职业目标的成长方向，选择与岗位要求相关的内容，通过给自己制订一个计划表，把该学会的软件、需要考到的证书等任务完成，这样才能让自己后续的求职过程更加顺利。

2. 训练要求

在正式选择职业发展方向之前，建议先认真地剖析自己，看看自己究竟适合哪类工作。结合职业生涯发展报告等内容，小组成员相互间提出问题并给予建议。要求根据自己的专业、兴趣、知识技能、性格特点等因素来选择适合的职业发展，做到职业发展路径选择与职业目标的契合程度良好，职业发展路径科学合理。

3. 训练过程

探索毕业后职业发展路径的训练过程如图 3-2-1 所示。

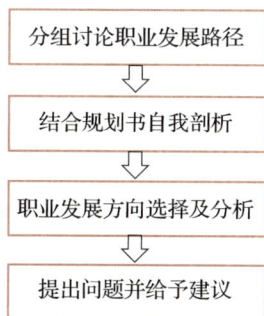

图 3-2-1 探索毕业后职业发展路径的训练过程

4.训练成果

探索毕业后职业发展路径的训练过程及其成果请填入表 3-2-2。

表 3-2-2 探索毕业后职业发展路径的训练过程及其成果

班级		小组成员			
主题		职业发展路径			
过程记录	路径	选择原因	目前优势		未来准备
	就业路径				
	升学路径				
	创业路径				
	基层就业项目路径				
	应征入伍路径				
整理、优化组合后的活动结果	职业发展路径陈述和展示		问题及建议		

训练② 榜样访谈

1.训练情境

每年都有大批毕业生进入社会，涌现出一大批与行业共成长的榜样力量，他们一直站在行业的第一线。在这一过程中有很多曲折、励志的成长经历，展示了拼搏进取的精神，以及经过历练之后的感悟，对初入社会的毕业生有良好的启发作用。

2. 训练要求

需要确定采访的目标和范围，包括确定要采访的榜样类型（如成功创业的榜样、在某一领域取得突出成就的工匠等），以及确定采访的数量和时间安排。要求充分了解榜样的学习经历、工作经历、职业成长经历、遇到的困惑和挑战、面对困惑或困难时的态度和解决困难的方法。

确定采访的目标和范围
↓
分组并做好采访的准备（预约、提纲等）
↓
将采访内容进行整理、汇总，结合主题进行相应提炼
↓
将对榜样的采访内容进行展示、交流
↓
对榜样的案例进行归档，总结

图 3-2-2　榜样访谈的训练过程

3. 训练过程

榜样访谈的训练过程如图 3-2-2 所示。

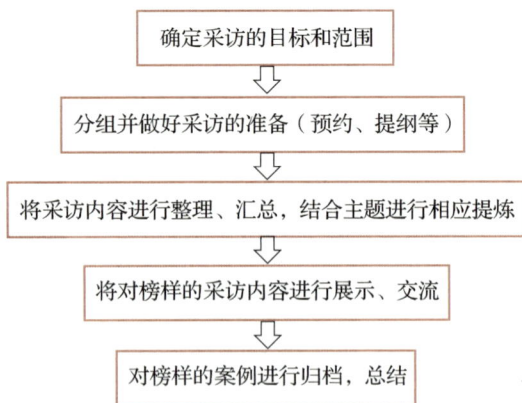

4. 训练成果

榜样访谈的训练过程及其成果请填入表 3-2-3。

表 3-2-3　榜样访谈的训练过程及其成果

班级		小组成员		
榜样简介				
序号	采访准备资料	采访榜样收获	不足之处	解决方案或设想
1				
2				

拓展训练

扫描二维码，在线完成 20 道理论知识训练题。

训练题3.2

任务 3.3　自我监控与评估，螺旋渐进攀巅峰

学习目标

1. 理解自我监控与评估的基本理论，具备一定的自主规划意识，掌握职业规划方法。

2. 能运用基本的职业决策方法制定合适的职业生涯目标，懂得制定职业生涯规划行动方案，树立职业发展自信心。

3. 能运用专业知识，解决职业发展问题，强化职业探索与职业实践的应用能力，激发职业理想和职业认同。

引导案例

初入职场"怕上班"

小韩大学毕业就业时，很想挑战自己，就到一家公司做营销业务。但工作一段时间后，小韩就开始有了一种挫败感，因为他的业务一直做得很差。他说，那都是由于自己不会抽烟、不会喝酒、不善于交际的缘故。于是，他一次次地骂自己笨，白读了这么多年的书。他越这么想，就越感到压力大，压力越大，也就越紧张、焦虑，难以入睡。近段时间，小韩更是产生了"怕上班"的心理，经常头脑空白，一个人坐着发呆。

案例思考：从表面上来看，小韩工作上的烦恼只是会不会抽烟喝酒、会不会交际的问题，但从深层次来看，这在职场上属于常见的"人职匹配"与"职业角色初期适应"的问题。

案例启示：为了避免陷入小韩同样的困境，需要实时进行自我监控与评估，审慎对待职业决策，及时调整职业目标，制定合理行动实施方案，不断修正反馈，从而螺旋渐进式地实现自我职业生涯的发展。

基本知识

在经过所有的内部及外部探索分析过后，职业生涯规划准备就绪，接下来要对自我进行实时监控与评估，管理好自己的生涯，通过实践去亲身体验变化，体验变化中可能遇到的困难以及机遇，螺旋渐进式地为就业做好心理准备。

知识点 ① 职业目标及决策的监控与评估

1. 运用特质因素理论，监控与评估人职匹配度

1909 年美国波士顿大学教授弗兰克·帕森斯（Frank Parsons）在其《选择一个职业》一书中提出了人与职业相匹配是职业选择的焦点的观点，也就是特质因素理论。他认为，每个人都有自己独特的人格模式，每种人格模式的个体都有与其相适应的职业类型。所谓"特质"就是指个人的人格特征，包括能力倾向、兴趣、价值观和人格等，这些都可以通过心理测量工具来加以评量。所谓"因素"则是指在工作上要取得成功所必须具备的条件或资格，这可以通过对工作的分析来了解。

特质—因素匹配理论产生近百年来经久不衰，该理论认为个别差异现象普遍地存在于个人心理与行为中，每个人都具有自己独特的能力模式和人格特质，而这些又与某些特定职业存在着相关关系。人人都有选择职业的机会，人的特性又是可以客观测量的。根据帕森斯的理论思想，可以看到职业选择过程的三个步骤。

（1）评价求职者的生理和心理特点（特质）

通过心理测量及其他测评手段，获得有关身体状况、能力倾向、兴趣爱好、气质与性格等方面的个人资料，以及家庭背景、学业成绩、工作经历等情况，并对这些资料进行评价。

（2）分析各种职业对人的要求（因素）

包括职业的性质、工资待遇、工作条件以及晋升的可能性；求职的最低条件，诸如学历要求、所需的专业训练、身体要求、年龄、各种能力以及其他心理特点的要求；为准备就业而设置的教育课程计划，以及提供这种训练的教育机构、学习年限、入学资格和费用等。

（3）人—职匹配

在了解求职者的特性和职业的各项指标的基础上，进行比较分析，以便选择一种适合其个人特点又有可能得到并能在职业上取得成功的职业，见表 3-3-1。

大学生有意识地增加社会阅历，寻找各种平台，丰富社会经验、职业经验，就能更有效地搜索到有用信息，从而更好地了解自我、了解职业、了解社会，才更有可能顺利地找到和个人特点相匹配的职业。

表 3-3-1　人—职匹配分析表

个人特质	岗位核心要求
兴趣	处理特殊问题的能力要求
性格	职业岗位所需的高级能力，如创新、策划、执行能力等要求
技能	专业知识、专业证书、处理日常事务的能力
价值观	能快速融入组织文化，产生归属感

2. 理顺职业决策基本思路，监控与评估职业决策的有效性

大学生在职业选择过程中，对职业生涯的发展考虑甚少，而过多地考虑现有职业的福利、待遇、社会地位等因素，这将严重影响大学生对职业环境和职业发展前景的评估。只有选择对自身生涯发展有利的职业，才能给个体创造一个和谐的可持续发展的环境，才能使个体的情绪、技能、需求平衡发展，才能让个体以愉悦、平静的心情开展工作，才能提高个体的工作效率和工作激情，个体的职业生存发展的空间也才会不断扩大。简单地说，大学生的职业决策是在对自身条件和客观条件正确分析的基础上，定义目标，选择目标，可以用自问自答的方式，回答以下几个问题，其基本思路如图 3-3-1 所示。

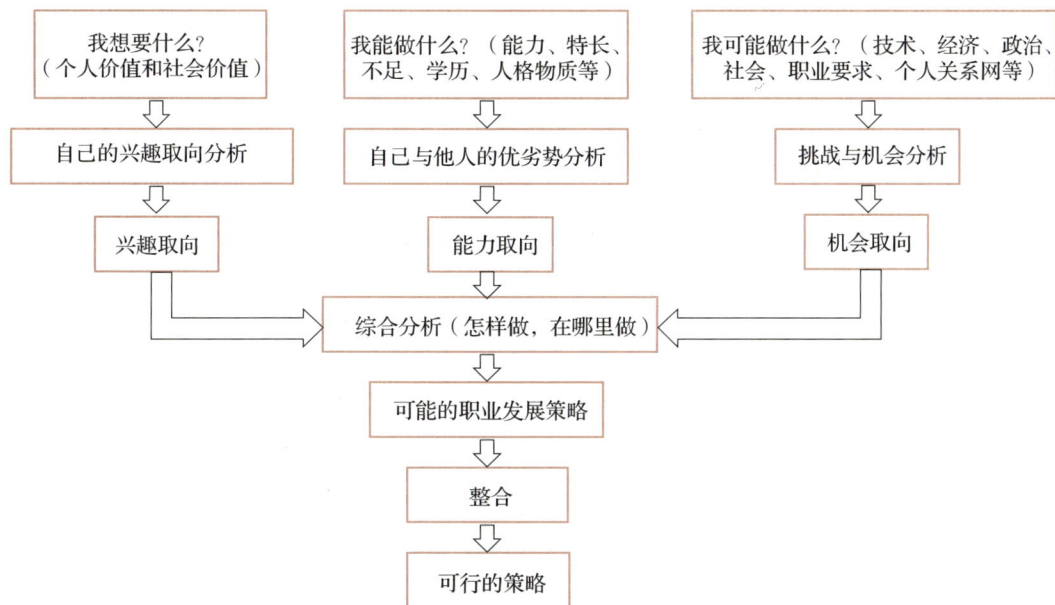

图 3-3-1　大学生职业生涯决策基本思路

在图 3-3-1 所示的三个问题中，我们可以发现，"我想要什么"和"我能做什么"主要由个人的价值观和能力类型决定，这跟个人的生活积累、人格类型等有密切的关系，由学生成长环境和遗传因素决定。"我可以做什么"主要由环境需求、个人的社

111

会支持系统和个人对自我的认可度等方面的因素决定。应该说，生涯决策的过程是一个循环的、动态发展的过程，兴趣取向、能力取向和机会取向三者的发展呈现相互促进的正相关关系。

另外，有效决策的基础是准确评估自己，找出外部的机会和威胁，择己所长。准确评估就要求能看到自己的长处和短处，并根据自己的长处选择适合个人的性格特点、能力、可以实现个人价值观的职业。通过老师、朋友、亲人的帮助，通过有针对性地进行职业访谈，咨询有丰富就业工作经验的教师和对该领域有研究的咨询机构等方式，根据自身兴趣取向、能力取向和机会取向进行分类梳理。先做好兴趣取向和能力取向信息的梳理与分析工作，缩小职业信息的收集范围，再进行机会取向信息的梳理与分析工作，确定职业信息的收集重点，见表3-3-2。这样能有效帮助大学生对职业信息进行进一步的整理、收集、分层工作。

表 3-3-2　择业过程分析

	拥有的状态	缺失的状态	决定人生	影响职业选择
兴趣	快乐	厌倦	个人爱好和关注的领域，如：音乐、绘画、摄影	行业，如：教育、快消、汽车
性格	效率	郁闷	职业与副业 家庭角色：照顾者、跟随者	职位，如：会计、设计师、工程师
能力	成就	焦虑		
价值观	满足	失落	生活方式：安定/多变的、大家庭/丁克	工作方式，如：团队合作、自由职业、助人

3. 遵循目标设立指导原则，监控与评估职业目标的可实现性

目标设立应遵循 SMART 原则。SMART 是 5 个英文单词的缩写，S（Specific）是指要具体明确，尽可能量化为具体数据；M（Measurable）是指可测量的，要把目标转化为指标，指标可以按照一定标准进行评价；A（Attainable）是指可达成的，要根据个人的资源、个人技能和环境配备程度来设计目标，保证目标是可以达成的；R（Relevant）是指合理的，各项目标之间有关联，相互支持，符合实际；T（Time-bound）是指有完成时间期限，各项目标要订出明确的完成时间或日期。根据 SMART 原则使个人发展目标具体化、可视化、可达成、合理化、有时间要求，这样就能基本明白要"去哪里"。

（1）具体、明确的（Specific）

不要用含糊笼统的语言，比如，不要说"我的目标是更好地利用时间"，应该说"我一天只能花不超过一个小时的时间来看电视"，或"我每周要花两个小时的时间来上网查找有关服装设计师这一职业的资料"。

（2）可量化的（Measurable）

使自己有一个可以衡量成功或者失败的标准，从而可以准确地评价自己是否达到了目标。比如，"加强社会实践"，应改为"在这个月内，参加一个学生社团（摄影协会），并访谈两位摄影师。"

（3）可以达到但有挑战性（Achievable but challenging）

也就是说，就你的能力和特点而言，实现这个目标是现实的、可能的，但又有一定难度。比如说，如果你目前只是一个大四学生并且没有什么相关的工作经验，却计划在两年之内就成为大公司的中层经理，这个目标也许就不那么可行；但如果你计划十年之内才做到中层经理的位置，那又缺乏挑战性，可能不太有激情去实现这个目标了。

（4）目标有意义、有价值，并有奖惩的措施（Rewarding）

也就是说，实现这个目标能带给你成就感、愉快感；反之，则会使你有所损失。比如说，如果你没有按计划在一个月内完成对两位工程师的访谈，那么你就不能在假期外出旅游，而要利用假期完成访谈的任务。

（5）有明确的时间限制（Time-bounded）

不能将目标统统定为"在大学毕业前完成"，而要有计划分步骤地在限定的时间内完成。以一周、一个月或一学期为单位设立目标，会比将事情都堆到大四毕业前完成要有效得多。

（6）可控的（Controllable）

在 SMART 的这几条标准之外，还有一条原则对于目标设立来说是非常重要的，那就是可控性。可控性主要是指对影响目标实现的因素具有相当的控制能力。比如，"我的目标是在 ABC 公司获得一份工作"，这种表述方式就违反了可控性的原则。因为你能否获得这份工作并不取决于你自己，你有被拒绝的可能。但如果你将目标换成"在下周三之前向 ABC 公司申请一个职位"，就是可行的，因为你能控制相关的因素。目标的可控性原则表明你必须为自己的目标负责，而不能指望他人来实现一切。当你确实需要他人的帮助时，你可以向他人表达，争取他人的合作，但同时必须做好被拒绝的准备。确切地说，你能够控制的只有你自己，因此你的目标也必须完全地"属于"你自己。

采用上述原则设立目标的好处在于它能使你所制定的目标与计划有实现的可能，并且可以帮助你在一段时间之后回顾总结自己所取得的进步与不足，明确自己该干什么以及干得怎么样。

知识点❷ 职业生涯规划行动实施方案的制定

目标虽然对人生具有重要的作用，但是仅仅有目标是远远不够的，目标还需要去行动，需要有科学合理的行动方案去实现，否则目标就会成为口号、空谈。行动方案的唯一使命是实现职业目标，行动方案是职业目标实现的重要保障，在制定方案时，我们一定要坚持目标导向原则、系统性原则、可行性原则，明确具体可量化原则、时限性原则、可控性原则，确保行动方案的生命力。

若把职业目标比喻成一串炫彩夺目的珍珠项链的话，那么每个具体目标就是组成这串珍珠项链的每颗小珍珠，行动方案的制定过程就是用一根红线串起这些小珍珠，使其成为一串项链的过程。我们要串起一串项链，首先要设计一个项链样式图案；其次要按照样式图案找来每颗小珍珠；最后要按照样式图案进行串联。这也就是职业目标的分解和组合的过程。因此，行动方案的制定过程就是职业目标分解与组合的过程。

1. 职业目标的分解

职业总目标是由若干个具体职业目标有机组合而成的。具体而言，对职业目标进行分解一般有两种方法。

（1）按照性质划分

按照性质划分，可以分为外职业目标和内职业目标。

1）外职业目标主要包括工作职位目标、工作环境目标、工作回报目标等。外职业目标是外在的表象，是职业生涯的外在标记。

➤ 工作职位目标。随着职业生涯的起航，我们一般会经历不同的岗位职级，例如从公司"人力资源部招聘助理"到"招聘专员"，到"招聘经理"，再到"人力资源部部长"。

➤ 工作环境目标。例如从8个人1间办公室，到2个人1间办公室，到1个人1间办公室……，又如从管理2个人，到管理6个人，到管理12个人。

➤ 工作回报目标。如从年薪5万，到10万，到100万……。

2）内职业目标主要包括工作能力技能目标、工作成果目标、个人成长目标。内职业目标是自我习得的，是职业生涯的内在素养。

> 工作能力技能目标。工作能力技能是对职业生涯中工作能力与技能的统称，是工作中必备的不断提高的核心内容。如 3 年内获得熟练的一般员工招聘能力与技能；5 年内获得熟练的中层管理人员招聘能力与技能。

> 工作成果目标。工作成果是对职业生涯中工作效果要达到的标准的统称。如 5 年内要创造 1000 万的销售业绩；10 年内销售额要占到行业的 20%。

> 个人成长目标。个人成长是指职业生涯中个人的心理素质、为人处世、职业观念等内在素养的提升。

（2）按时间划分

按时间划分，可以分为最终目标和阶段目标。

1）最终目标。是指可以预见的、可以实现的职业理想和职业愿景。最终目标的实现一般需要几十年，甚至贯穿整个职业生涯。

2）阶段目标。是指为实现最终目标而进行的一系列分阶段的目标。阶段目标根据实现年限不同，又可以分为长期目标（一般需要十几年）、中期目标（一般 10 年左右）、短期目标（一般 5 年左右）、近期目标（一般 2 年以内）等。

2. 职业目标的组合

职业目标的组合就是将由职业总目标分解而来的具体职业目标时间上或者并进或者连续；功能上互补、相互联系、连续、互为因果，以实现职业总目标为最终目的，以职业目标达成与个人成长和家庭幸福和谐统一为使命的职业生涯行为。

3. 行动方案的制定

将根据职业总目标分解的职业具体目标的实现行动方案，按照"以实现总目标为出发点和归属""时间上并进、连续""功能上互补、联系"的原则组合起来，就形成了总行动方案。

举例来说，如果你现在刚上大三，学的是中文专业，希望 5 年以后成为一名大公司的人力资源专业人士。那么，将这个目标倒推回来，4 年后一定要跟一家大公司签劳动合同，2 年后大学毕业时应当获得一家公司人力资源部门的初级职位，1 年后应当争取进入一家公司的人力资源部门实习。这样，半年后就应当开始投递简历，寻求实习机会。因此，这一个学期，你就应当写好自己的简历，列出有可能向你提供相关信息的人际资源，并阅读一些与人力资源相关的书籍。

再如，假设你的目标是在这学期末前完成初步的职业生涯规划，那么你的小目标可以是：

1）参加学校的职业生涯规划团体辅导或讲座。

2）下周一开始阅读职业生涯规划的教材，每周阅读一章并完成书后的练习，在期末前读完这本书。

3）课外阅读一本职业规划自助类读物（如《就业宝典》或《你的降落伞是什么颜色》），每两周阅读一章。

4）在9月份完成就业指导中心提供的职业兴趣和性格测评，并就测评结果与就业指导老师面谈一次，以便更好地了解自我。

5）在10月份参加学校组织的就业指导讲座，了解一些基本的关于未来职场的信息。

6）在11~12月，联系寒假实习的单位。

4. 行动方案的执行、评估与反馈修正

没有行动方案，职业目标无法实现；有行动方案而没有执行，行动方案只能成为一纸空文，职业目标只能成为空想。所以，目标实现的落脚点在行动方案的执行，此外，还要根据随时变化的情况对行动方案进行评估、反馈修正。

（1）行动方案的执行

1）按照行动方案持续进行。职业目标的行动方案一旦确定就要按照职业目标的行动方案执行，不能"脱离行动方案，另起炉灶"，也不能"三天打鱼，两天晒网"，更不能停滞不前。

2）珍惜时间，学会管理时间，高效利用时间。职业目标行动方案的制定要考虑时限性，行动方案的执行要珍惜时间，从现在做起，从今天做起，从一分一秒做起，不要找借口浪费时间。同时，要学会规划时间，管理时间，合理安排时间，高效率利用时间，达到"1年>12个月，1天>24小时，1分>60秒"的效果。

3）注重具体执行行动的总结与调整。行动方案的执行受到很多主客观因素的影响，具体的执行行动中，要注重对所执行的具体行动的记载，在此基础上进行总结，并根据变化的情况，对行动方案做相应的调整。

（2）行动方案的评估

行动方案的评估可以督查行动方案的执行情况，还可以评价行动方案的可行性、科学性。行动方案评估是行动方案得以付诸实现的重要环节。一方面，自己要设计一张评估表，对执行情况进行记载和评估；另一方面，要根据评估情况，对方案的具体可行性、科学性提出意见，便于反馈修正。

（3）行动方案的反馈修正

在行动方案的执行过程中不能受到阻力就"半途而废"，也不能"一错再错""一条道走到黑"，要根据变化的具体情况，根据评估结果适时调整、反馈修正，最大限度满足职业目标的实现。在对行动方案进行反馈修正时，我们可以采用"CASVE循环法"（图 3-3-2）。

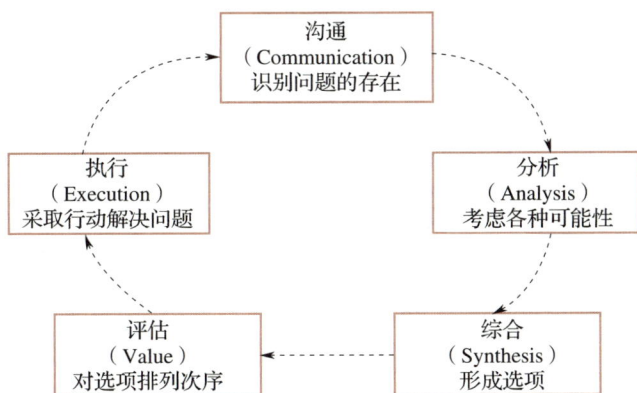

图 3-3-2 CASVE 循环法

1）沟通（Communication）是指在行动方案的具体执行过程中，要善于发现执行过程中的问题。

2）分析（Analysis）是指发现问题后，要结合具体的执行环境，分析各种情况发生的可能性。

3）综合（Synthesis）是指在分析的基础上，结合目标行动方案执行的具体情况，形成各种解决方案。

4）评估（Value）是指从可行性和目标执行度来考虑、评价每种解决方案，确定最终执行方案。

5）执行（Execution）是指按照调整后的方案，强有力地去执行。

总之，职业行动方案的使命就是职业具体目标的不断达成和职业总目标的最终实现。在职业目标确定后，我们要按照"目标导向、系统性、可行性、明确具体可量化、时限性、可控性"的原则，用目标分解和组合的方案制定职业目标的行动方案，注重行动方案的执行，在具体的执行过程中，注重执行的总结和评估，适时做出调整，最终实现职业目标。

知识点 ③ 职业生涯规划管理

职业生涯在人生过程中占据核心位置，是一个人一生连续从事和承担的职业、职务、职位发展和变化的全部过程。职业生涯的发展是一个人一生在职业、职务及职位的变迁和发展过程中个人工作理想和人生价值的实现过程。在这个过程中，每个人需要开发一系列的职业能力，不断深入探索与了解自己及外部环境，才能驾驭那些越来越不可预测的、多变的、多样化的职业生涯领域。在这个过程中，要对个人职业生涯目标与战略进行开发、实施以及评估监督。这是一个持续的过程，在这个过程中，我们每个人都要做到：

1）搜集个人可利用的社会资源信息和各行各业的情况。

2）明晰个人兴趣、能力、价值和所追求的生活方式，以及希望选择哪些职位、工作和组织。

3）以所掌握的信息为基础，提出职业生涯目标。

4）制定并实施可实现此目标的战略。

5）获得战略有效性和目标相关性的反馈。

这个过程是一个人管理自身职业生涯的行动过程，个体本身既是职业生涯管理的执行者，也是个人职业生涯发展的责任人。正如美国组织行为专家道格拉斯·霍尔（Douglas Hall）所发现的，"这种新的职业生涯合同其实并不是个人与组织之间的契约，它是个人与自己、与自己的工作之间的一种协议。"

如图3-3-3所示，职业生涯管理是一个解决问题、制定决策的循环的过程。在这一过程中，人们通过收集信息，能更好地认识自身和其周围的世界；然后，通过确定目标、制定发展战略并付诸实践，再获取更多的反馈信息，继续有效地管理其职业生涯。职业生涯管理的有效性有以下四个指标。

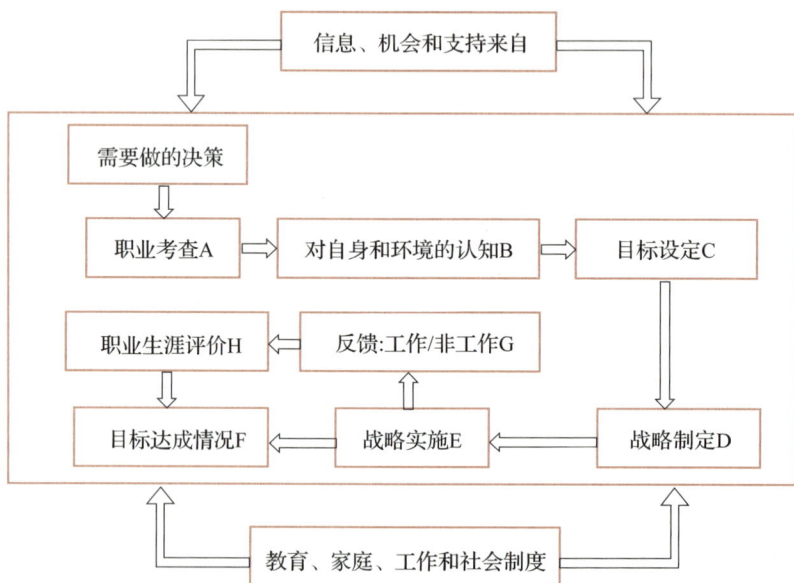

图3-3-3　职业生涯管理模型

①对自身和周围环境有一个深刻的认识；

②提出实事求是的目标，目标应与个人价值观、兴趣、能力和所希望的生活方式

相一致；

③制定适当的职业生涯战略并保证该战略得到实施；

④要求把反馈一直进行下去，根据适时变化的环境及时做出调整，这也是最重要的一点。

1. 大学生职业生涯规划管理的内涵

个体职业生涯规划并不是一个单纯的概念，它与个体所处的家庭以及社会环境存在密切的关系。对于大学生而言，正处在对个体职业生涯的探索阶段，这一阶段对选择职业，以及今后的职业生涯发展都有着十分重要的意义。

1）大学生职业生涯规划管理是大学生与高校、与社会组织之间相互的职业活动。

2）大学生职业生涯规划管理是大学生与高校、与社会组织之间相互的动态运动的过程。

3）大学生职业生涯规划管理应坚持以大学生自身发展需求为目标。

2. 大学生职业生涯规划管理的特点

（1）个性化

职业生涯规划不是学校或是社会加在个人身上的实施方案，而是源于自身发展的需要，结合社会发展的利益，并依据现实条件和机会所制定的个人规划的方案。

（2）开放性

个人是职业生涯规划的主要角色，但这并不意味着由个人闭门造车、独立完成职业生涯规划，也不意味着职业生涯规划是一次完成的。应以开放的心态来进行个人的职业生涯规划，在开放的环境中主动寻求社会和学校等多方面的辅助和帮助，通过实践提升自己对社会、职业的认知和个人的决策能力水平。

（3）持续性

职业生涯规划不同于传统意义上的规划，它不仅仅是阶段性的规划，而是贯穿于职业生涯的始终，它与个人的职业共存。因此，应改变传统的静态的制定计划方式，着眼于长远的未来，从人的一生的职业发展来进行职业生涯规划。

（4）前瞻性

大学生今后的生涯道路和即将面对的职业世界是非常广阔的，在自我定位和选择职业生涯发展道路之前，必须知道摆在面前的职业生涯道路的各种可能性，知晓未来的职业世界。只有这样，才能在自我认识的基础上做好自我定位并选择好一条适合自身特点的职业生涯发展道路。

能力训练

训练 1 SWOT 分析生涯决策

1. 训练情境

SWOT 分析法是将与研究对象密切相关的各种主要内部优势、劣势、机会和威胁等，通过调查列举出来，并按照矩阵形式排列，然后用系统分析的思想，把各种因素相互匹配起来加以分析，从中得出一系列相应的决策性结论。当作完详尽的个人 SWOT 分析后，你将有一个连贯的、实际可行的个人职业策略供参考。在当今竞争激烈的市场经济社会里，拥有一份挑战和乐趣并存、薪酬丰厚的职业是每个人的梦想，但并不是每个人都能实现这一梦想。因此，为了使你的求职和个人职业发展更具有竞争性，请花一些时间界定自己的个人优势和弱势，然后制定一份策略性的行动计划，并务必保证有效地完成它。

2. 训练要求

根据 SWOT 分析法，对自身的优势和劣势、对周围职业环境的机会和威胁进行分析，在此基础上制订各种相关策略，整合后确定是否具备谋取某一工作的优势和机会。

3. 训练过程

SWOT 分析是检查个人技能、能力、职业、喜好和职业机会的有效工具。对自己做一个细致的 SWOT 分析，明确自身优点和弱点，仔细评估不同职业道路的机会和威胁。

（1）评估自己的长处和短处

个体职业决策中的 SWOT 矩阵见表 3-3-3。

表 3-3-3　个体职业决策中的 SWOT 矩阵

	优势 S（可控并可利用的内在积极因素） （1）工作经验 （2）教育背景 （3）丰富的专业知识和技能 （4）特定的可转移技巧（如沟通、团队合作、领导能力等） （5）人格特质（如职业道德、自我约束、承受工作压力的能力、创造性、乐观） （6）广泛的个人关系网络 （7）在专业组织中的影响力	劣势 W（可控并努力改善的内在消极因素） （1）缺乏工作经验 （2）学习成绩差，专业不对口 （3）缺乏目标，且对自我的认识和对工作的认识都十分不足 （4）缺乏专业知识 （5）较差的领导能力、人际交往能力、沟通能力和团队合作能力 （6）较差的寻找工作的能力 （7）负面的人格特征（如职业道德败坏、缺乏自律、缺少工作动机、害羞、情绪化等）
内部因素		

（续）

外部因素	机会 O（不可控但可利用的外部积极因素） （1）就业机会增加 （2）再教育的机会 （3）专业领域急需人才 （4）由提高自我认识、设置更多具体的工作目标而带来的机遇 （5）专业晋升的机会 （6）专业发展带来的机会 （7）职业道路选择带来的独特机会 （8）地理位置的优势 （9）强大的关系网络	威胁 T（不可控但可使其弱化的外部消极因素） （1）就业机会减少 （2）由同专业的大学毕业生带来的竞争 （3）具有丰富技能、经验、知识的竞争者 （4）拥有较好的寻找工作技巧的竞争者 （5）名校毕业的竞争者 （6）缺少培训、再学习造成的职业发展障碍 （7）工作晋升机会十分有限或者竞争激烈 （8）专业领域发展有限 （9）公司不再招聘与你同等学力或专业的员工

每个人都有自己独特的技能、天赋和能力。在分工细化的市场经济里，一般来说，每个人均有自己擅长的领域，而不是样样精通。举个例子，有些人不喜欢整天坐在办公桌前，而有些人则一想到不得不与陌生人打交道时，心里就发麻，惴惴不安。请做个表，列出自己喜欢做的事情和长处所在（如果觉得界定自己的长处比较困难，可以找一些测试习题做一做，做完之后，就会发现长处所在）。同样，通过列表，可以找出自己不是很喜欢做的事情和弱势。找出短处与发现长处同等重要，因为可以基于自己的长处和短处做两种选择，一是努力去改正常犯的错误，提高你的技能；二是放弃那些你不擅长但技能要求很高的职业。列出自认为所具备的很重要的强项和对你的职业选择产生影响的弱项，然后再标出那些你认为很重要的强项和弱项。

（2）找出职业机会和威胁

不同行业（包括这些行业里不同的公司）都面临不同的外部机会和威胁，找出这些外界因素将助你成功地找到一份适合自己的工作，这对求职非常重要，因为这些机会和威胁会影响你的第一份工作和今后的职业发展。如果公司处于一个常受到外界不利因素影响的行业里，这个公司能提供的职业机会将很少，且没有职业升迁的机会。相反，充满了许多积极外界因素的行业将为求职者提供广阔的职业前景。请列出自己感兴趣的一两个行业，然后认真地评估这些行业所面临的机会和威胁。

4. 训练成果

SWOT 分析生涯决策的训练过程及其成果请填入表 3-3-4。

121

表 3-3-4　SWOT 分析生涯决策的训练过程及其成果

内部环境分析（SW） \ 外部环境分析（OT）	O 机会	T 威胁
S 优势	优势机会策略（S—O）	优势威胁策略（S—T）
W 劣势	劣势机会策略（W—O）	劣势威胁策略（W—T）

训练 ② 撰写职业生涯规划书

1. 训练情境

　　大学时代包括进入职业生涯阶段的过渡期和初步试验承诺期两个时期。在这两个时期，职业兴趣趋于稳定，逐步形成了对未来职业生涯的预期；事实上在初步试验承诺期，许多大学生往往需要就自己的未来职业生涯做出关键性的决策。

2.训练要求

大学生职业生涯规划的主要工作在于自身的职业兴趣的培养和职业生涯教育，了解和尝试现实社会中的各种职业，积累一定的社会工作经验，在未来较短时间内实现个体人力资本、兴趣和职业的匹配。要求所撰写的职业生涯规划书符合自身的性格、兴趣等特质，符合自己的职业理想、环境及资源条件，内容完整，职业决策恰当，行动方案合理可行。

3.训练过程

撰写职业生涯规划书的基本逻辑过程如图 3-3-4 所示。

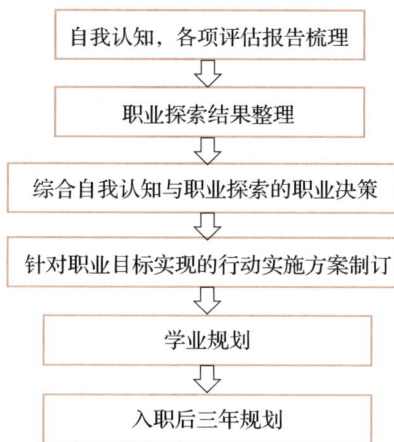

自我认知，各项评估报告梳理
↓
职业探索结果整理
↓
综合自我认知与职业探索的职业决策
↓
针对职业目标实现的行动实施方案制订
↓
学业规划
↓
入职后三年规划

图 3-3-4　撰写职业生涯规划书的基本逻辑过程

4.训练成果

（1）描述我自己

①我的 MBTI 性格偏好类型：＿＿＿＿＿＿＿＿＿＿＿＿＿＿＿＿＿＿＿。
请根据 MBTI 的 16 种性格类型描述，写下最恰当的描述自己的语句。

＿＿＿＿＿＿＿＿＿＿＿＿＿＿＿＿＿＿＿＿＿＿＿＿＿＿＿＿＿＿＿＿＿。

②我的霍兰德兴趣类型：＿＿＿＿＿＿、＿＿＿＿＿＿、＿＿＿＿＿。
请根据霍兰德 6 种兴趣类型描述，写下最恰当的描述自己的语句。

＿＿＿＿＿＿＿＿＿＿＿＿＿＿＿＿＿＿＿＿＿＿＿＿＿＿＿＿＿＿＿＿＿。

③我的职业价值观类型：＿＿＿＿＿＿、＿＿＿＿＿＿、＿＿＿＿＿。
列出最重要的三项价值观，写下最恰当的描述自己的语句。

＿＿＿＿＿＿＿＿＿＿＿＿＿＿＿＿＿＿＿＿＿＿＿＿＿＿＿＿＿＿＿＿＿。

（2）我的职业清单

①霍兰德兴趣类型建议我考虑的职业。

根据兴趣探索结果，从所列举出的职业中挑出感兴趣或可能去从事的职业。

_____

②我的 MBTI 类型所建议的职业。

根据 MBTI 类型偏好，从所列举的职业中挑出感兴趣或可能去从事的职业。

_____

③我的职业价值观类型所建议的职业。

根据职业价值观取向，从所列举的职业中挑出感兴趣或可能去从事的职业。

_____

④我的家人朋友所建议的职业。

比如继承家庭企业或通过家人的社会关系去从事的职业。

_____

⑤我可能从事的其他职业。

以上清单中不曾出现过的，不考虑任何因素的情况下，自己想去从事的职业。

_____

⑥以上清单中出现次数最多的职业。

_____

（3）我的职业探索

①通过选修课程来检测自己对某一相关职业领域的兴趣。

选修课程名称	课程一	课程二	课程三
修读时间			
课程内容介绍			
选修此课程对职业认知的作用			
修读后的感受			

②通过参加社团活动来检测自己对某相关职业领域的兴趣。

社团名称	
活动名称	
参加时间	
活动内容	
工作内容	
活动总结	

③采访有关人士，对自己感兴趣的职业领域有进一步的了解。

访谈对象		职务	
所在单位		工作年限	
访谈时间		访谈形式	
访谈记录			
访谈心得			

④通过业余兼职、实习或做志愿者等方式来检测自己对某一相关职业领域的兴趣。

单位名称	
岗位名称	
单位地址	
工作内容	
自我小结	本人签名：　　　　　　　　　　　年　　月　　日
实习单位鉴定	负责人签字（盖章）：　　　　　　年　　月　　日

⑤从职业咨询老师或其他老师那里寻求更多的个人帮助。

教师姓名	
职务	
联系方式	
咨询问题	
咨询记录	
咨询心得	

（4）我的职业决策

①根据对自我兴趣和性格的了解，结合价值观和技能，综合各种影响因素，毕业后，我的打算是（请在前面的方框内画"√"）：

□ 就业　　　□ 升学深造　　　□ 出国　　　□ 考公务员　　　□ 自创业

其他（请写明）：＿＿＿＿＿＿＿＿＿＿＿＿＿＿＿＿＿＿＿＿＿＿＿＿＿＿＿

②我的职业选择范围：

＿＿＿＿＿＿＿＿＿＿＿＿＿＿＿＿＿＿＿＿＿＿＿＿＿＿＿＿＿＿＿＿＿＿＿＿＿

③我的决策平衡单

选择项目 考虑因素	权重	选择一		选择二	
	-5~+5	打分	加权得分	打分	加权得分
个人物质方面的得失					
1. 经济收入					
2. 工作的困难程度					
3. 升迁的机会					
4. 工作环境的安全					
5. 工作自由度					
6. 休闲时间					
7. 生活变化					
8. 对健康的影响					
9. 就业机会					
10. 其他					
他人物质方面的得失					
1. 家庭经济收入					
2. 家庭社会地位					
3. 与家人相处的时间					
4. 家庭的环境					
5. 其他（如家庭福利）					
个人精神方面的得失					
1. 生活方式的改变					
2. 成就感					
3. 自我实现的程度					
4. 兴趣的满足					

（续）

考虑因素 \ 选择项目	权重 -5~+5	选择一		选择二	
		打分	加权得分	打分	加权得分
5. 挑战性和创新性					
6. 社会声望					
7. 符合自我道德标准的程度					
8. 达成长远生活目标的机会					
9. 其他					
他人精神方面的得失					
1. 父母					
2. 师长					
3. 配偶					
4. 孩子					
5. 朋友					
6. 邻里					
7. 其他					
总分					

④我的目标职业（或岗位，如教师、会计等）

_____。

工作内容：_____。

入职要求：_____。

我的目标就业地域（如北京、广州、深圳等）：_____。

我的目标组织（如 ×× 责任有限公司等）

组织名称：_____。

组织简介：_____。

（5）我的学业规划

就读专业情况	
专业名称	
专业简介	
对口职业	
是否兴趣	

模块1 模块2 模块3

（续）

兴趣专业情况	
专业名称	
专业简介	
对口职业	
学习规划	
第一学年	
第二学年	
第三学年	
课余规划	
证书获取规划	
其他	

（6）我的职业规划（入职后三年规划）

拓展训练

扫描二维码，在线完成 20 道理论知识训练题。

训练题3.3

附　录

附录 A　中国国际大学生创新大赛简介

为贯彻落实党的二十大精神，统筹推进教育、科技、人才工作，将创新教育贯穿教育活动全过程，加强拔尖创新人才自主培养，培育新质生产力发展新动能，为教育强国建设支撑引领中国式现代化做出更大贡献。由教育部、国家发改委、工业和信息化部、人力资源和社会保障部、中国科学院、中国工程院、国家知识产权局、共青团中央等单位主办，统一组织和指导开展"中国国际大学生创新大赛"。下面以教育部发布的《关于举办中国国际大学生创新大赛（2024）的通知》精神为主，介绍中国国际大学创新大赛的基本内容。

一、大赛总体目标

2024 年中国国际大学生创新大赛的主题是"我敢闯、我会创"。大赛的总体目标是"更中国、更国际、更教育、更全面、更创新、更协同"。

更中国。就是要更深层次、更广范围体现红色基因传承，充分展现新发展阶段高水平创新教育的丰硕成果，集中展示新发展理念引领下人才培养的中国方案，提升新时代中国高等教育的感召力。

更国际。就是要深化创新教育国际交流合作，汇聚全球知名高校、企业和创业者，服务以国内大循环为主体、国内国际双循环相互促进的新发展格局，搭建全球性创新创业竞赛平台，提升新时代中国高等教育的影响力。

更教育。就是要推动政治思想教育、专业教育与创新教育深度融合，弘扬劳动精神，加强学生创新实践能力培养，造就敢想敢为又善作善成的新时代好青年，提升新时代中国高等教育的塑造力。

更全面。就是要推进职普融通、产教融合、科教融汇，鼓励各学段学生积极参赛，形成创新创业教育在高等院校、职业教育、基础教育、留学生教育等各类各阶段的全覆盖，打通人才培养各环节，提升新时代中国高等教育的引领力。

更创新。就是要积极开辟发展新领域新赛道，不断塑造发展新动能新优势，丰富竞赛内容和形式，激发全社会创新创造动能，促进高校创新成果转化应用，进一步服务国家重大战略需求和经济社会高质量发展，提升新时代中国高等教育的创造力。

更协同。就是要充分发挥大赛平台纽带作用，促进优质资源互联互通，推动形成开放大学、开放产业、开放问题的良好氛围，助推大赛项目落地转化，营造支持青年大学生创新创业、共同合作、互相包容、互相支持的良好生态。

二、主要任务

1. 以赛促教，探索人才培养新途径

全面提高人才自主培养质量，强化高校课程思政建设，深入推进新工科、新医科、新农科、新文科建设，深化创新创业教育改革，引领各类学校人才培养范式深刻变革，形成新的人才培养质量观和质量标准，切实提高学生的创新精神、创新意识和创新能力。

2. 以赛促学，培养创新创业生力军

着力造就拔尖创新人才，激励广大青年扎根中国大地了解国情民情，在创新创业中增长智慧才干，怀抱梦想又脚踏实地，敢想敢为又善作善成，做有理想、敢担当、能吃苦、肯奋斗的新时代好青年。

3. 以赛促创，搭建产教融合新平台

把教育融入经济社会发展，推动成果转化和产学研用融合，促进教育链、人才链与产业链、创新链有机衔接，以创新引领创业、以创业带动就业，推动形成高校毕业生更高质量创新就业的新局面。

三、赛道划分

2024 年中国国际大学生创新大赛主体赛事分为六个赛道，包括高教赛道、"青年红色筑梦之旅"赛道、职教赛道、产业命题赛道和萌芽赛道。每个赛道又按项目学科属性分为若干参赛项目类型，如职教赛道的参赛项目分为创新类、商业类和工匠类三种类型。同时每个赛道还按参赛对象不同分为若干组别，如职教赛道分为创意组和创业组两个组别。

四、参赛要求

1）参赛项目能够紧密结合经济社会各领域现实需要，充分体现高校在新工科、新医科、新农科、新文科建设等方面取得的成果，培育新产品、新业态、新模式，促进制造业、农业、卫生、能源、环保、战略性新兴产业等产业转型升级，促进人工智能、数字技术与教育、医疗、金融、消费生活、文化传播等深度融合。

2）参赛项目应弘扬正能量，践行社会主义核心价值观，真实、健康、合法。不得含有违反国家宪法及其他法律法规的内容，所涉及的发明创造、专利技术、资源等必须拥有清晰合法的知识产权或物权。参赛项目如有涉密内容，参赛前须进行脱敏处理。如有抄袭盗用他人成果、提供虚假材料等违反相关法律法规或违背大赛精神的行为，一经发现即刻丧失参赛资格、所获奖项等相关权利，并自负一切法律责任。

3）参赛项目只能选择一个符合要求的赛道报名参赛，根据参赛团队负责人的学籍或学历确定参赛团队所代表的参赛学校，且代表的参赛学校具有唯一性。参赛团队须在报名系统中将项目所涉及的材料按时如实填写提交，已获得本大赛往年总决赛各赛道金奖和银奖的项目，不可报名参赛。

4）参赛人员（不含产业命题赛道参赛项目成员中的教师）年龄不超过 35 岁。

5）各省级教育行政部门及各有关学校要严格参赛项目审查工作，确保参赛项目的合规性和真实性。审查主要包括参赛资格以及项目所涉及的科技成果、知识产权、财务状况、运营、荣誉奖项等方面。

五、比赛赛制

1）大赛采用校级初赛、省级复赛、全国总决赛三级赛制。校级初赛由各院校负责组织，省级复赛由各地负责组织，总决赛由各地按照大赛组委会确定的配额择优推荐项目。大赛组委会将综合考虑各地报名团队数、参赛院校数、往年获奖项目情况和创新教育工作情况等因素分配总决赛名额。

2）由大赛组委会确定入围总决赛的总项目数和各赛道的入围项目数。

3）同一所院校入围各个赛道总决赛的项目数上限由大赛组委会确定。

六、竞赛方案

中国国际大学创新大赛的不同赛道均有不同的竞赛方案，方案内容包括项目类型划分、参赛方式和要求、参赛组别和对象、奖项设置等内容。以职教赛道为例，2024年职教赛道方案的主要内容如下。

1.参赛项目类型

1）创新类：以技术、工艺或商业模式创新为核心优势。

2）商业类：以商业运营潜力或实效为核心优势。

3）工匠类：以体现敬业、精益、专注、创新为内涵的工匠精神为核心优势。

2. 参赛方式和要求

1）职业学校（包括职业教育各层次学历教育、不含在职教育）、国家开放大学学生（仅限学历教育）可以报名参赛。

2）大赛以团队为单位报名参赛。允许跨校组建团队，每个团队的参赛成员不少于3人，不多于15人（含团队负责人），须为项目的实际核心成员。参赛团队所报参赛创业项目，须为本团队策划或经营的项目，不得借用他人项目参赛。

3. 参赛组别和对象

职教赛道分为创意组和创业组。

（1）创意组

①参赛项目具有较好的创意和较为成型的产品原型、服务模式或针对生产加工工艺进行创新的改良技术，在大赛通知下发之日前尚未完成工商等各类登记注册。

②参赛申报人须为团队负责人，须为职业学校的全日制在校学生或国家开放大学学历 教育在读学生。

③学校科技成果转化项目不能参加本组比赛（科技成果的完成人、所有人中参赛申报人排名第一的除外）。

（2）创业组

①参赛项目在大赛通知下发之日前已完成工商等各类登记注册。

②参赛申报人须为企业法定代表人。须为职业学校全日制在校学生或毕业5年内的学生、国家开放大学学历教育在读学生或毕业5年内的学生。企业法人在大赛通知发布之日后进行变更的不予认可。

③项目的股权结构中，企业法定代表人的股权不得少于10%，参赛团队成员股权合计不得少于1/3。

七、评审要点

大赛针对不同赛道、不同组别的参赛项目设置了不同的评审要点和评审内容。以2024年中国国际大学生创新大赛职教赛道为例，其评审要点包括五个维度，每个维度包括若干评审内容。

1. 职教赛道创意组评审要点

（1）教育维度

①项目应弘扬正确的价值观，厚植家国情怀，恪守伦理规范，有助于培育创新精神。

②项目符合将专业知识与商业知识有效结合并转化为商业价值或社会价值的创新创业基本过程和基本逻辑，展现创新教育对大学生基本素养和认知的塑造力。

③体现团队对创新创业所需知识（专业知识、商业知识、行为知识等）与技能（计划、组织、领导、控制、创新等）的娴熟掌握与应用，展现创新教育提升大学生综合能力的效力。

④项目充分体现团队解决复杂问题的综合能力和高级思维；体现项目成长对团队成员创新精神、创新意识、创新能力的锻炼和提升作用。

⑤项目能充分体现院校在职业教育建设方面取得的成果；体现院校在项目的培育、孵化等方面的支持情况；体现职普融通、产教融合、科教融汇、多学科交叉、专创融合、产学研协同创新等模式在项目的产生与执行中的重要作用。

（2）创新维度

①具有原始创意、创造。

②具有面向培养"大国工匠"与能工巧匠的创意与创新。

③项目体现产教融合模式创新、校企合作模式创新、工学一体模式创新。

④鼓励面向职业和岗位的创意及创新，侧重于加工工艺创新、实用技术创新、产品（技术）改良、应用性优化、民生类创意等。

（3）团队维度

①团队的组成原则与过程是否科学合理；团队是否具有支撑项目成长的知识、技能和经验；是否有明确的使命愿景。

②团队的组织架构、人员配置、分工协作、能力结构、专业结构、合作机制、激励制度等的合理性情况。

③团队与项目关系的真实性、紧密性情况；对项目的各项投入情况；创立创业企业的可能性情况。

④支撑项目发展的合作伙伴等外部资源的使用以及与项目关系的情况。

（4）商业维度

①充分了解所在产业（行业）的产业规模、增长速度、竞争格局、产业趋势、产业政策等情况，形成完备、深刻的产业认知。

②项目具有明确的目标市场定位，对目标市场的特征、需求等情况有清晰的了解，并据此制定合理的营销、运营、财务等计划，设计出完整、创新、可行的商业模式，展现团队的商业思维。

③其他：项目落地执行情况；项目促进区域经济发展、产业转型升级情况；已有盈利能力和盈利潜力情况。

（5）社会价值维度

①项目直接提供就业岗位的数量和质量。

②项目间接带动就业的能力和规模。

③项目对社会文明、生态文明、民生福祉等方面的积极推动作用。

2. 职教赛道创业组评审要点

（1）教育维度

①项目应弘扬正确的价值观，厚植家国情怀，恪守伦理规范，有助于培育创新精神。

②项目符合将专业知识与商业知识有效结合并转化为商业价值或社会价值的创新创业基本过程和基本逻辑，展现创新教育对大学生基本素养和认知的塑造力。

③体现团队对创新创业所需知识（专业知识、商业知识、行为知识等）与技能（计划、组织、领导、控制、创新等）的娴熟掌握与应用，展现创新教育提升大学生综合能力的效力。

④项目充分体现团队解决复杂问题的综合能力和高级思维；体现项目成长对团队成员创新精神、创新意识、创新能力的锻炼和提升作用。

⑤项目能充分体现院校在职业教育建设方面取得的成果；体现院校在项目的培育、孵化等方面的支持情况；体现职普融通、产教融合、科教融汇、多学科交叉、专创融合、产学研协同创新等模式在项目的产生与执行中的重要作用。

（2）创新维度

①具有原始创意、创造。

②具有面向培养"大国工匠"与能工巧匠的创意与创新。

③项目体现产教融合模式创新、校企合作模式创新、工学一体模式创新。

④鼓励面向职业和岗位的创意及创新，侧重于加工工艺创新、实用技术创新、产品（技术）改良、应用性优化、民生类创意等。

（3）团队维度

①团队的组成原则与过程是否科学合理；团队是否具有支撑项目成长的知识、技能和经验以及成熟的外部资源网络；是否有明确的使命愿景。

②公司是否具有合理的组织架构、清晰的指挥链、科学的决策机制；是否有合理的岗位设置、分工协作、专业能力结构；是否有良好的内部沟通机制；是否有合理的股权结构、激励制度等。

③团队对项目的各项投入情况及团队成员的稳定性情况。

④支撑项目发展的合作伙伴等外部资源的使用以及与公司关系的情况。

（4）商业维度

①充分了解所在产业（行业）的产业规模、增长速度、竞争格局、产业趋势、产业政策等情况；具有明确的目标市场定位，充分掌握目标市场的特征、需求等情况；具有完整、创新、可行的商业模式。

②经营绩效方面，重点考察项目存续时间、营业收入（合同订单）现状、企业利润、持续盈利能力、市场份额、客户（用户）情况、税收上缴、投入与产出比等情况。

③经营管理方面，是否有清晰的企业发展目标；是否有完备的研发、生产、运营、营销等制度和体系；是否采用先进科学的管理方法，以确保企业具有较强的竞争力。

④成长性方面，是否有清晰、有效、全方位的企业发展战略，并拥有可靠的外部资源（人才、资金、技术等方面）实现企业战略，以建立企业的持续竞争优势。

⑤现金流及融资方面，关注融资情况、获取资金渠道情况、企业经营的现金流情况、融资需求及资金使用情况是否合理。

⑥项目促进区域经济发展、产业转型升级情况。

（5）社会价值维度

①项目直接提供就业岗位的数量和质量。

②项目间接带动就业的能力和规模。

③项目对社会文明、生态文明、民生福祉等方面的积极推动作用。

以上关于"中国国际大学生创新大赛"的介绍主要针对 2024 年大赛情况，以后各年份的情况可能会有所变化，具体以教育部的大赛文件通知为准。

附录 B　全国大学生职业规划大赛简介

为贯彻落实党中央、国务院关于高校毕业生就业工作的决策部署，落实《国务院关于印发"十四五"就业促进规划的通知》精神，加强高校生涯教育和就业指导，增强大学生生涯规划意识，指导其及早做好就业准备，促进高校毕业生高质量充分就业，由教育部和举办地的人民政府主办，举办地相关院校承办，统一组织和指导开展"全国大学生职业规划大赛"。下面以教育部 2023 年 8 月底发布的《教育部关于举办首届全国大学生职业规划大赛的通知》精神为主，介绍全国大学生职业规划大赛的基本内容。

一、大赛总体目标

首届全国大学生职业规划大赛的主题是"筑梦青春志在甲方，规划启航职引未来"。

大赛的总体目标是努力将大赛打造成强化生涯教育的大课堂、促进人才供需对接的大平台、服务毕业生就业的大市场。通过举办大赛，更好实现以赛促学，引导大学生树立正确的成才观、就业观和择业观，科学合理规划学业与职业发展，提升就业竞争力；以赛促教，促进高校提高大学生生涯教育水平，做实做细毕业生就业指导服务；以赛促就，广泛发动行业企业和高校参与赛事活动，推动人才供需有效对接，全力促进高校毕业生高质量充分就业。

二、赛道划分

首届全国大学生职业规划大赛主体赛事分为两个赛道，包括学生成长赛道和就业赛道。每个赛道设高教和职教两个组别；另设大学生职业发展与就业指导课程教学赛道。

成长赛道面向中低年级学生，考察其职业发展规划的科学性和围绕实现职业目标的成长过程，通过学习实践持续提升职业目标达成度，增强综合素质和能力。

就业赛道面向高年级学生，考察其求职实战能力，个人发展路径与经济社会发展的适应度，就业能力与职业目标和岗位需求的契合度。

大学生职业发展与就业指导课程教学赛道面向高校就业指导教师，考察课程实施效果和教师教学水平。

三、参赛要求

1）大赛成长、就业赛道参赛选手须为普通高等学校全日制在校学生。每名选手结合自身条件选择符合要求的一个赛道报名参赛。

2）参赛选手应按要求在大赛平台准确填写报名信息，提交材料应坚持真实性原则，不得含有违法违规内容，否则将丧失参赛资格、所获奖项等相关权利，自负一切法律责任。

3）各地高校应认真做好参赛选手资格审查和提交材料审查工作，确保符合参赛要求。

四、比赛赛制

1）大赛采用校级、省级、全国总决赛三级赛制。

2）校赛由各高校负责组织，省赛由各地负责组织。各地各高校参照大赛成长、就业赛道方案，自主确定参赛名额、比赛环节、评审方式和奖项设置等。各地完成省赛选拔后，择优推荐全国总决赛参赛选手（本科生、研究生、专科生须保持合适比例），并按要求向大赛组委会报送总结材料。

3）全国总决赛组委会将综合考虑各地参赛人数、就业指导和招聘活动情况、用人单位参与数量等因素向各地分配全国总决赛名额。

4）全国总决赛设金奖、银奖、铜奖，另设单项奖、地方和高校优秀组织奖、优秀指导教师奖等奖项。

五、竞赛方案

1.首届全国大学生职业规划大赛成长赛道方案

（1）比赛内容

考察学生职业发展规划的科学性和围绕实现职业目标的成长过程，通过学习实践持续 提升职业目标的达成度，增强综合素质和能力。

（2）参赛组别和对象

成长赛道设高教组和职教组，参赛对象为普通高等学校全日制中低年级在校学生，高教组面向普通本科一、二、三年级学生，职教组面向职教本科一、二、三年级学生和高职（专科）一、二年级学生。

（3）参赛材料要求

选手在大赛指定平台提交以下参赛材料。

①生涯发展报告：介绍职业发展规划、实现职业目标的具体行动和成果（PDF格

式，文字不超过 1500 字，如有图表不超过 5 张）。

②生涯发展展示：采用 PPT 格式，可加入视频。

（4）比赛环节

成长赛道设主题陈述、评委提问和天降实习 offer（实习意向）环节。

①主题陈述（8 分钟）：选手结合生涯发展报告进行陈述和展示。

②评委提问（5 分钟）：评委结合选手陈述和现场表现进行提问。

③天降实习 offer（3 分钟）：用人单位根据选手表现，决定是否给出实习意向，并对选手做点评。

（5）评审标准

指标	说明	分值
职业目标	1. 职业目标体现积极正向的价值追求，能够将个人理想与国家需要、经济社会发展需要相结合 2. 职业目标匹配个人价值观、能力优势、兴趣特点 3. 准确认识目标职业在专业知识、通用素质、就业能力等方面的要求，科学分析个人现实情况与目标要求的差距，制定合理可行的计划	20
行动成果	1. 成长行动符合目标职业在通用素质、就业能力、职业道德等方面的要求 2. 成长行动对弥补个人不足的针对性较 3. 能够将专业知识应用于成长实践，提高通用素质和就业能力。 4. 成长行动内容丰富，取得阶段性成果	40
目标契合度	1. 行动成果与职业目标的契合程度 2. 总结成长行动中存在的不足和原因，对成长计划进行自我评估和动态调整	30
实习意向	现场获得用人单位发放实习意向情况	10

2. 首届全国大学生职业规划大赛就业赛道方案

（1）比赛内容

考察学生求职实战能力，个人发展路径与经济社会发展需要的适应度，就业能力与职业目标和岗位要求的契合度。

（2）参赛组别和对象

①就业赛道设高教组和职教组，每组均设 5 个分赛道。其中，针对企业职能岗位，设产品研发、生产服务、市场营销、通用职能分赛道（按相近行业分小组）；针对公共服务岗，设公共服务分赛道。

②就业赛道参赛对象为普通高等学校全日制高年级在校学生。高教组面向普通本科三、四年级（部分专业五年级）学生和全体研究生，职教赛道面向职教本科三、四年级学生和高职（专科）二、三年级学生。

（3）参赛材料要求

选手须在大赛指定平台提交以下参赛材料。

①求职简历（PDF 格式）。

②就业能力展示，采用 PPT 格式，可加入视频。

③辅助证明材料，包括实践、实习、获奖等证明材料（PDF 格式，整合为单个文件）

（4）比赛环节

成长赛道设主题陈述、综合面试和天降 offer（录用意向）环节

①主题陈述（7 分钟）：选手陈述个人求职意向和职业准备情况，展示通用素质与岗位能力。

②综合面试（8 分钟）：评委提出真实工作场景中可能遇到的问题，选手提出解决方案；评委结合选手陈述自由提问。

③天降 offer（3 分钟）：用人单位根据选手表现，决定是否给出录用意向，并对选手做点评。

（5）评审标准

指标		说明	分赛道分值				
一级指标	二级指标		产品研发	生产服务	市场营销	通用职能	公共服务
通用素质	职业精神	具有家国情怀，有爱岗敬业、忠诚守信、奋斗奉献的精神等	35	35	45	45	45
	心理素质	具备目标岗位所需的意志力、抗压能力等					
	思维能力	具备目标岗位所需的逻辑推理、系统分析和信息处理能力等					
	沟通能力	具备目标岗位所需的语言表达、交流协调能力等					
	执行和领导能力	能够针对工作任务制定计划并实施，具备目标岗位所需的团队领导、协作、激励和执行能力等					
岗位能力	岗位认知程度	全面了解目标行业现状、发展趋势和就业需要，准确把握目标岗位的任职要求、工作流程、工作内容等	20	20	15	15	15
	岗位胜任能力	具备目标岗位所需的专业能力、实习实践经历、解决实际工作问题的能力等	25	25	20	20	20
发展潜力	—	职业目标契合行业发展前景和人才需求	10	10	10	10	10
录用意向	—	现场获得用人单位提供录用意向情况	10	10	10	10	10

以上关于"全国大学生职业规划大赛"的介绍主要针对 2023~2024 年度首届全国大赛情况，以后各年份的情况可能会有所变化，具体以教育部的大赛文件通知为准。

参 考 文 献

［1］蒋祖星 . 创新思维导论［M］. 北京：机械工业出版社，2020.

［2］温兆麟，周艳，刘向阳 . 创新思维的培养［M］. 北京：清华大学出版社，2016.

［3］凡禹 . 创造性思维 36 计［M］. 北京：企业管理出版社，2008.

［4］卢明森 . 创新思维学引论［M］. 北京：高等教育出版社，2005.

［5］周苏 . 创新思维与方法［M］. 北京：机械工业出版社，2017.

［6］陈光 . 创新思维与方法：TRIZ 的理论与应用［M］. 北京：科学出版社，2011.

［7］王亚东，彭进香，赵亮 . 创造性思维与创新方法［M］. 2 版 . 北京：清华大学出版社，2022.

［8］寇静，徐秀艺 . 创新思维［M］. 北京：中国人民大学出版社，2013.

［9］赵新军，李晓青，钟莹 . 创新思维与技法［M］. 北京：中国科学技术出版社，2014.

［10］吕丽，流海平，顾永静 . 创新思维：原理·技法·实训［M］. 2 版 . 北京：北京理工大学出版社，2017.

［11］胡飞雪 . 创新思维训练与方法［M］. 北京：机械工业出版社，2019.

［12］吴晓义 . 创新思维［M］. 北京：清华大学出版社，2016.

［13］廖俊杰，吴建材 . 创新创业教育（修订版）［M］. 广州：广东教育出版社 .2023.

［14］侯永雄 . 创新创业：理论、工具与实践［M］. 广州：广东人民出版社，2023.

［15］韩晓洁，周月容，吴晓 . 创业项目管理［M］. 北京：机械工业出版社，2022.

［16］吴隽，姚海霞，邓白君，等 . 小白同学创新初体验［M］. 北京：机械工业出版社，2022.

［17］谢珊 . 大学生生涯发展与就业力提升［M］. 广州：广东高等教育出版社，2022.

［18］刘珍杰 . 大学生职业发展与就业指导新编［M］. 上海：同济大学出版社，2020.

［19］林壬璇 . 大学生职业生涯发展与规划［M］. 北京：中国人民大学出版社，2023.

［20］金树人 . 生涯咨询与辅导［M］. 北京：高等教育出版社，2007.

［21］陈芳，陈凯乐，柳红蛟 . 职业生涯规划与职业素养提升［M］. 北京：机械工业出版社，2023.

［22］陈胤，郭寒宇，陶美成 . 大学生职业生涯规划［M］. 武汉：武汉大学出版社，2009.

［23］程良越 . 大学生职业发展与训练［M］. 广州：广东高等教育出版社，2008.

［24］朱若霞 . 如何掌控自己的人生［M］. 北京：新世界出版社，2010.